BETTINA LEMKE

Encuentra tu

El Libro Práctico

Argentina – Chile – Colombia – España
Estados Unidos – México – Perú – Uruguay

Título original: *IKIGAI. Den Sinn im Alltag finden. Das Praxisbuch by Bettina Lemke*
Editor original: dtv Verlagsgesellschaft mbH & Co. KG, München www.dtv.de
Traducción: Isabel Romero Reche

1.ª edición **books4pocket** septiembre 2022

Copyright © 2017 dtv Verlagsgesellschaft mbH & Co. KG, München
This book was negotiated through Utė Körner Literary Agent,
Barcelona – www.uklitag.com
All Rights Reserved
© 2017 de la traducción *by* Isabel Romero Reche
© 2017 *by* Ediciones Urano, S.A.U.
Plaza de los Reyes Magos, 8, piso 1.º C y D – 28007 Madrid
www.edicionesurano.com
www.books4pocket.com

ISBN: 978-84-16622-84-9
E-ISBN: 978-84-17180-08-9
Depósito legal: B-13.135-2022

Fotocomposición: Ediciones Urano, S.A.U.

Impreso por Novoprint, S.A. – Energía 53 – Sant Andreu de la Barca (Barcelona)

Impreso en España – *Printed in Spain*

Dedicatoria

Este libro va dedicado a todas aquellas personas que desean encontrar su *ikigai*.

Déjate seducir por la extraña sensación de lo que amas.
No te desviará del camino.
Rumi

Índice

生き甲斐

Una vivencia clave

La primera vez que me encontré con la sonora palabra Japonesa «*ikigai*» fue hace unos cuantos años, mientras hacía una investigación sobre el optimismo. Este término conceptual alude al sentimiento profundo de ver un sentido a la vida y tener algo por lo que merezca la pena vivir. Tal como leí entonces, las personas con mucho *ikigai* poseen una vida plena y saben para qué se levantan por las mañanas. Según los estudios actuales, además, gozan de una mayor esperanza de vida que las que tienen poco *ikigai*. Este asunto despertó mi interés. Me entusiasmaba el hecho de que los japoneses tuvieran una palabra para considerar lo que da sentido a la vida. En nuestras latitudes carecemos de un concepto semejante. Por otra parte, me parecía lógico que se pudiera tener más o menos *ikigai* y que se tratase de una fuerza vital capaz de influir sobre la salud física y psíquica, en función de la cantidad de *ikigai* que estuviera en juego. Porque, al fin y al cabo, quien no encuentra sentido a su existencia tampoco sabe para qué vive ni entiende por qué debe bregar con cada nuevo día; y en consecuencia, necesariamente tiene menos energía y ganas de vivir, en comparación con el que sabe reconocer el sentido de su vida y procura hacer cosas que le brinden plenitud y le deparen dicha y alegría.

En pocos segundos el tema me había atrapado y tomé la determinación de indagar más a fondo al respecto en cuanto se presentara la ocasión. De hecho, aquella primera lectura sobre el principio del *ikigai* fue la semilla que ha dado origen a este libro.

Parte

Parte I

Ikigai, la fuerza motriz de la existencia

La cuestión del sentido de la vida

Cada persona siente en el fondo de su corazón el anhelo de una vida llena de sentido. [Este] anhelo es suficiente para que seamos buscadores y descubridores de sentido durante toda la vida.

Elisabeth Lukas

Siempre suele haber un momento en que cualquier persona se pregunta por el sentido de la vida. Tal vez no nos planteamos la cuestión en un profundo sentido filosófico y nos limitamos a pensar: ¿Por qué estoy en este mundo? ¿Qué hago aquí? Y, ¿para qué sirve todo esto? Muchos no encuentran respuestas válidas, o en cualquier caso estas se revelan insuficientes. Seamos honestos, qué nos responden en nuestro círculo de amistades cuando se nos ocurre preguntar: ¿Para qué os levantáis por las mañanas? Y, ¿quién puede decirnos ahora mismo cuál es la razón que da sentido a tu vida? Ante este tipo de preguntas solemos sentirnos desbordados; quisiéramos tener las respuestas, pero estas no se dejan aprehender con facilidad. De hecho, tal vez en ese momento más de uno se enfrente a la dolorosa constatación de que le falta empuje y que su vida se muestra un poco vacía de sentido.

El principio japonés del *ikigai* puede ayudarnos de forma sorprendente a encontrar un sentido a nuestra vida diaria. Solo hay que descubrirlo, ya que cada uno de nosotros tiene su *ikigai*.

En la primera parte de este libro se exponen los fundamentos de esta fascinante filosofía de vida y se explica cómo el *ikigai* puede brindarnos inspiración, alegría de vivir, energía e incluso una vida más larga y saludable. En cambio, en la segunda parte podrás dedicarte de forma más concreta a la búsqueda de todo cuanto da sentido a tu propia existencia.

Un programa de ejercicios detallado con un amplio repertorio de eficaces preguntas y técnicas mentales de apoyo te conducirá paso a paso por el sendero de tu propio *ikigai*. Una vez lo hayas encontrado, este recurso te servirá de inspiración para llevar una vida activa y plena, incluso en una edad muy avanzada en el mejor de los casos.

Nota: Si lees este libro de principio a fin, te irás familiarizando, poco a poco, con algunas nociones básicas sobre el principio del *ikigai*. Pero, si deseas emprender la búsqueda de tu *ikigai* personal cuanto antes, siempre puedes pasar directamente a los ejercicios que empiezan en la pág. 44 y leer de vez en cuando algunos fragmentos de la primera parte.

De los sueños a la realidad

Imagina que es un viernes por la noche y tienes por delante todo el fin de semana. Para el día siguiente has planeado un recorrido en bicicleta con amigos o en familia. Quieres salir pronto con el propósito de disfrutar de las primeras horas de la mañana para de este modo aprovechar bien el día. Cuando te acuestas, el corazón ya empieza a palpitarte ante la idea de salir de la ciudad y respirar aire puro en plena naturaleza. Te alegra pensar en el movimiento físico, estar en compañía de personas que son de tu agrado, la idea de charlar, así como la sensación de poder desconectar por fin del estrés de la semana y romper con las actividades de la vida cotidiana. Te duermes con esa sensación de alegría y a la mañana siguiente, en cuanto suena el despertador, te levantas motivado y con un gran ímpetu. El objetivo compensa, por eso te atrae y enseguida te olvidas del ligero cansancio que todavía se adhiere a tus miembros. Tomas el café del desayuno con satisfacción, cargas tus cosas en la mochila de la bicicleta y empiezas a pedalear con energía y buen humor. Te espera un día repleto de aventuras y piensas disfrutar cada minuto.

Seguramente conoces esta sensación. Poco importa que seas aficionado a la bicicleta, las excursiones por la montaña, los paseos por el bosque o a visitar museos. Y tanto da que te guste pasar el sábado navegando en una canoa, jugando a fútbol o si esperas con ansia el momento de volver a sentarte frente a la maqueta del avión que estás a punto de terminar. Todos hacemos cosas que nos entusiasman y hacen que nuestro corazón lata con más fuerza. Todo nos parece mucho más fácil cuando nuestras acciones son el fruto de una motivación interna, cuando somos conscientes de la belleza que hay en nuestros quehaceres y de la alegría que eso nos depara. ¿Acaso no sería fabuloso tener una motivación así la mayoría de los días y poder contestar con más facilidad a la pregunta «¿para qué me levanto por la mañana?», con la absoluta certeza de responder prácticamente de corazón? ¿Acaso no sería una idea atractiva despertarse por la mañana, sabiendo de verdad que algo da sentido y plenitud a nuestra vida?

Pues bien, la hermosa filosofía del *ikigai* muestra que eso es mucho más que una bonita ilusión.

Cuando la felicidad está dotada de sentido

En japonés el término conceptual *ikigai* se ilustra con estos hermosos caracteres:

La palabra en sí ya es sorprendente por los numerosos significados que encierra. Para simplificar, se podría traducir iki por «vida» y gai por «motivo, sentido, resultado, valor, merecer la pena». Dado que cada uno de estos caracteres posee complejas connotaciones de significado, el *ikigai* engloba:

- El sentido de la vida
- Aquello por lo que merece la pena vivir
- Aquello por lo que merece la pena levantarse por las mañanas
- La felicidad de hacer cosas que nos complacen
- La realización personal y la motivación
- La sensación de estar vivo
- La razón de existir
- La alegría y el objetivo vital

Por lo tanto, el *ikigai* describe el estado de una persona que sabe discernir el sentido de la vida y experimenta la dicha de hacer algo que para ella tiene un profundo significado.

Quien ha reconocido su *ikigai* experimenta la dicha de una gran alegría, es optimista y se siente vivo. Posee capacidad de entusiasmo, está motivado, tiene fuerza interior y resiliencia. Y, por supuesto, sabe para qué vive y en qué dirección desea orientar su vida.

Pero el *ikigai* no alude solo a la profunda plenitud de una persona conocedora de aquello que otorga sentido a su vida. De hecho, es un concepto tan amplio que engloba también las actividades concretas, las circunstancias vitales, las relaciones interpersonales, las ideas o intereses más profundos, así como los sueños y objetivos, por citar los aspectos más importantes. Para simplificar la cuestión, se puede decir que en el *ikigai* personal intervienen cuatro grandes factores. Estos son:

- Las cosas que nos gusta hacer
- Nuestras fortalezas o lo que hacemos bien
- Las cosas por las que nos pagan/nos podrían pagar o por las que recibiríamos una contraprestación por parte de otros
- Las cosas que el mundo necesita

Algunos elementos de nuestro *ikigai* irán asociados a un solo factor, mientras que otros, en cambio, quizás guarden relación con más de uno o incluso con los cuatro. Merece la pena aquí ilustrar esta cuestión con la ayuda de algunos ejemplos concretos:

Para un concertista de piano cuyo *ikigai* es interpretar música, los cuatro factores desempeñan un papel significativo. El pianista hace algo que le gusta y es una ocupación a la que se entrega con todo su ser. Además, es una actividad para la que manifiestamente está dotado, así que se asociaría además con el factor de sus puntos fuertes. Por otro lado, como no solo toca en casa para su propio deleite, sino que da conciertos, también hace algo en beneficio del mundo, porque a las personas que acuden a sus conciertos les complace su música y virtuosismo, y es muy posible que esto retroalimente el *ikigai* de cada una de ellas. Por último, al pianista le pagan por su actuación, de manera que puede vivir de su talento. Por lo tanto, se encuentra en la afortunada situación de saber qué da sentido a su vida. Puede vivir su pasión, seguir fomentando sus dotes y hace algo significativo constantemente. Esto le aporta motivación, alegría, satisfacción interna y lo alienta a perseguir siempre nuevos objetivos. Y finalmente realiza una actividad perdurable, puesto que vive de la música.

Sin embargo, el *ikigai* no solo está al alcance de las personas que han descubierto una gran pasión en su vida y la convierten en una profesión, como el pianista del ejemplo. Nada de eso, el *ikigai* se halla también en las pequeñas cosas, en apariencia insignificantes, que a menudo pasan desapercibidas. Así, cualquier persona puede encontrar su *ikigai* en la contemplación del amanecer, en el hecho de reunirse con sus amigos, en dedicar un rato a la lectura, en sumergirse en otros mundos, en ejercitar la atención consciente, en estar presente para su familia, en dar largos paseos con su perro, en aprender otro idioma, en expresar su creatividad en un curso de pintura… De las cosas más pequeñas hasta los proyectos de la mayor envergadura que seamos capaces de imaginar, las posibilidades son interminables. Y para aquel que no haya encontrado su *ikigai* aún, quizás en este momento el suyo consista sencillamente en aplicarse en su búsqueda.

El tesoro que albergamos en nuestro interior

Lo verdaderamente importante es saber si puedes decir «sí» de corazón a aquello que te propones.
Joseph Campbell

La buena noticia es esta: Cada uno de nosotros tiene *ikigai*. Es como un valioso tesoro que se aloja en nuestro interior. Quizás a aquellos que aún no lo han descubierto pueda parecerles una ardua y dificultosa tarea, pero merece la pena realizar el esfuerzo de buscarlo, ya que saber reconocer el *ikigai* personal y tratar de hacerlo realidad dará significado a la vida de cualquier individuo.

Casi todas las personas intuyen la satisfacción que supone ir en pos del sentido de la vida. Como todos somos diferentes y a la vez únicos, esta búsqueda siempre es una cuestión personal. Así pues, aquello que a uno le resuene en su interior y sea satisfactorio quizás no signifique nada para otro.

Desenmascarar las proyecciones

Cuando hemos reconocido nuestro *ikigai* queda el camino abierto hacia las cosas que realmente nos entusiasman, que van con nosotros en el fondo del alma y armonizan también con nuestras verdades internas. Por eso, en la búsqueda de sentido personal es muy importante encararse con las ideas y convicciones que se asumen por influencia ajena con objeto de desenmascarar las metas y proyecciones impropias (véase a partir de la pág. 67). Con excesiva frecuencia tratamos de cumplir las expectativas de los demás, sin darnos cuenta de que con ello nos arriesgamos a perder de vista nuestros verdaderos deseos y objetivos.

En la búsqueda personal de nuestro tesoro no cuentan las consideraciones de los demás, por muy importantes, sensatas y afortunadas que sean, sino tan solo aquello que nos conmueve, nos resuena en el alma y nos hace resplandecer, porque sencillamente sabemos que es adecuado para nosotros.

Cuando hagas los ejercicios prácticos de este libro (a partir de la pág. 44) estarás trabajando sobre ti y nadie más. Escucha siempre tu voz interior. Procura borrar de tu cabeza todos los pensamientos que incluyan las palabras «debo» o «debería». En general, estas provienen de nuestro censor interno, siempre alerta para desviarnos de nuestro camino verdadero. No olvides que en la búsqueda de tu *ikigai* solo cuenta lo que es importante para ti.

Los cambios de dirección en el devenir de la vida

Mientras avanzamos por nuestra senda vital estamos en continua evolución; por lo tanto, es natural que, con el paso del tiempo, nuestro *ikigai* también cambie y algo que en un periodo temprano de nuestra existencia fue significativo e importante quizás más adelante deje de serlo para siempre. El *ikigai* de un joven, que a todas horas se dedica a probar recetas de cocina, tal vez sea formarse como cocinero y llegue a afirmar, por ejemplo: «Mi *ikigai* es convertirme en un excelente cocinero diplomado, porque así tendré la posibilidad de trabajar en los mejores hoteles del mundo».

No obstante, también puede ser que al cabo de unos años solo desee tener su propio restaurante para agasajar a sus clientes con sus creativas creaciones culinarias. Como se observa en este caso, la pasión de cocinar para otras personas sigue siendo parte de su *ikigai*; la única diferencia es que debido a su evolución personal el foco se ha orientado en otra dirección.

La búsqueda de nuestro tesoro no termina nunca y se recomienda sopesar de vez en cuando qué aspectos de nuestro *ikigai* perduran y cuáles de ellos requieren una actualización para que encajen con una nueva situación vital o un cambio de postura interna.

La isla de los centenarios

Hay un lugar del planeta, supuestamente paradisiaco, donde los ancianos son más viejos que en ninguna otra parte. Allí se concentra el mayor número de centenarios de la población mundial. Pero no solo eso, sino que además casi todos conservan buena salud hasta una edad muy avanzada y llevan una vida activa e independiente. De ahí que este lugar sea conocido en las antiguas leyendas chinas como «la tierra de los inmortales». Nos referimos a Okinawa, una isla japonesa en el mar Oriental de China perteneciente al archipiélago de Ryūkyū.

Allí, en la isla de los centenarios, las personas suelen mantenerse en una buena forma extraordinaria y disfrutan de su existencia a pesar de la vejez. Los octogenarios llevan una vida más propia de los que tienen treinta años menos. Los nonagenarios y centenarios van de excursión en bicicleta de montaña o en motocicleta, muchos de ellos suelen bailar, practican tai chi o incluso karate y participan además en otras actividades comunitarias. Por si fuera poco, casi todos ellos trabajan en el huerto todo el año, donde plantan hortalizas para su consumo e incluso venden algunas en el mercado.

Ante semejante vivaz dinamismo de estos mayores que siguen siendo jóvenes, no es de extrañar que allí no exista una palabra para la jubilación. La idea de dejar de trabajar o de retirarse es algo que a estos ágiles abuelos no se les pasa por la cabeza ni por asomo. Definitivamente, eso no encaja en un mundo donde un septuagenario recibe el cariñoso apelativo de «jovenzuelo» por parte de los más viejos. Y tampoco casa bien con el ánimo vital de estas personas, caracterizado por una profunda satisfacción y alegría, así como por una gran cantidad de energía y saludable optimismo.

Sin embargo, el ejemplo de Okinawa también es único porque allí la gente tiene mucho más *ikigai* que en cualquier otra parte. En general, los habitantes de esta isla son muy conscientes de su *ikigai* y saben el importante papel que desempeña en sus vidas. Solo mientras creen que sus ocupaciones merecen la pena y ven un sentido en sus quehaceres, tienen el ímpetu necesario para afrontar cada día con renovadas energías, y de buen ánimo, por muy avanzada que sea su edad.

Yuimaaru o la fuerza de la comunidad

En Okinawa, y sobre todo en la pequeña localidad de Ogimi, al norte de la isla, con unos 3.200 habitantes aproximadamente, el principio del *ikigai* está también muy vinculado a un extraordinario sentimiento de pertenencia a la comunidad. Las personas forman parte de un grupo durante varias décadas y siempre pueden confiar en él. Todos se preocupan de cultivar los lazos sociales en su vida cotidiana y se apoyan unos a otros. El llamado «círculo del apoyo mutuo» —*yuimaaru* en japonés— funciona según el principio «uno ayuda a otro». Todos tratan de arreglárselas por sí solos en la medida de sus posibilidades, pues nadie concibe aprovecharse ni sacar beneficio de otra persona. Sin embargo, saben también que algunas veces pueden depender de la ayuda de los demás. Por eso cada individuo tiene conciencia de su propia responsabilidad ante sí mismo y ante la comunidad. Todos se esfuerzan por hacerse cargo de su vida por sus propios medios, mientras pueden, con objeto de evitar ser un lastre para los demás innecesariamente. Pero, asimismo, mantienen fuertes lazos con el grupo y siempre están dispuestos a colaborar y a prestar su ayuda con discreción y no de forma paternalista. El objetivo es socorrer a quien lo necesite hasta que esté en condiciones, a su vez, de prestar su apoyo a otra persona.

El principio del *yuimaaru* es parte esencial del *ikigai* personal de los habitantes de Ogimi. Por un lado, a todos les motiva tener una vida significativa y mantener su independencia mientras sea posible. Y por el otro, sus intensos vínculos con la comunidad auspician un fuerte sentimiento de pertenencia sumamente importante. Los quehaceres de cada uno a menudo están asociados a los de otras personas. Aquí, el foco no se orienta a hacer realidad un objetivo propio, sino en prestar un servicio a la sociedad. En este caso, el *ikigai* personal estará asociado con el cuarto factor antes mencionado, el correspondiente a lo que el mundo necesita (véase pág. 20) y con ello revestirá un sentido profundo.

Según muestra la novedosa disciplina de la psicología positiva, nuestra labor es fuente de plenitud cuando se orienta hacia algo más trascendente que la propia vida. El destacado investigador de la felicidad Martin Seligman incluso va más allá y considera básica esta actitud para encontrar un sentido más profundo a la existencia. Todo aquel que cultiva unas relaciones sociales estables y brinda su apoyo a otros cuando necesitan ayuda, gana por partida doble. Por un lado, estará mejor pertrechado para hacer frente a cualquier problema de índole personal porque podrá confiar en el respaldo de la comunidad; y por el otro, favorecerá que su *ikigai* perdure.

En lo que a nosotros concierne, salta a la vista que vivimos según las leyes de la civilización occidental —sobre todo en las ciudades—, y no en el seno de una comunidad tradicional, como los habitantes de Ogimi. Sin embargo, nada nos impide aportar nuestro granito de arena para favorecer unas relaciones más estrechas con la familia y los amigos. Tanto en el campo como en la ciudad, las posibilidades para escapar del aislamiento y reunirse en sociedad son numerosas, ya sea mediante actividades y proyectos en grupo o en los modelos alternativos que se proponen en las viviendas colaborativas. Por ejemplo, ¿has pensado alguna vez en la posibilidad de vivir en una casa donde convivan varias generaciones? ¿Y en un complejo residencial, donde —literalmente— el sentido común se escriba con letras mayúsculas? Desde los centros cooperativos hasta las viviendas compartidas aptas para los mayores más audaces, pasando por residencias comunitarias privadas, ciertamente hay muchas alternativas para superar las limitaciones del anonimato que a menudo trae consigo la vida en la ciudad.

Sea como sea que organicemos nuestra vida, el sentimiento de pertenencia a una comunidad es uno de los pilares fundamentales del *ikigai*.

«Es celestial»: ejemplos de *ikigai* personal

El principio del *ikigai* está firmemente anclado en la conciencia de los japoneses. A cualquiera que se le pregunte sabe qué significa, pues es un referente. Pero eso no quiere decir que todos hayan descubierto su *ikigai* ni que todos lo busquen. Del mismo modo que a muchos les acompaña el sentimiento de que el *ikigai* rige su vida cotidiana, a otros esta idea les resulta indiferente u ocupa un papel secundario.

En este sentido, la isla de Okinaga posee un estatus privilegiado, pues hace ya mucho tiempo que en este lugar los relojes no funcionan exactamente igual que en el resto de Japón. La gente conserva la mayor independencia posible y no está sujeta a muchas normativas y restricciones que rigen la sociedad japonesa. Cuando se pregunta a los habitantes de Okinawa por su *ikigai*, no tardan en responder, sobre todo los más viejos. Valgan aquí algunos hermosos ejemplos que el escritor Dan Buettner cita en su conferencia TED sobre las llamadas «zonas azules», los lugares del mundo donde las personas son más longevas:

Un maestro de karate de ciento dos años encuentra su *ikigai* al trasmitir sus conocimientos a sus alumnos.

El *ikigai* de un pescador centenario consiste en salir a pescar tres veces por semana para su familia.

El *ikigai* de una mujer de ciento dos años es estar con su tataranieta. Cuando le preguntan qué siente al tomar a un niño en brazos, contesta: «Es celestial».

En la siguiente doble página recogemos asimismo un buen número de respuestas dadas por occidentales de todas las edades al preguntarles por su *ikigai* tras explicarles el concepto, o sencillamente cuando les preguntaron: «¿Qué da sentido a tu vida?»

Mi *ikigai* es/son:

- Ver con gran esperanza el potencial de cada nuevo día.

- Mis amigos y mi familia.

- La compañía de otras personas.

- Comer bien.

- Hacer deporte.

- Ser una buena persona y hacer aquello que me hace feliz.

- Construir un refugio para un pequeño erizo que he encontrado en mi jardín, y que así pueda resistir el próximo invierno.

- Las personas, los animales y las plantas, y también el planeta.

- Tocar música con mis amigos y actuar en salas molonas.

- Crear algo nuevo para lograr un mundo mejor.

- Ver crecer a mis hijos día a día.

- Los primeros rayos de sol que entran por la ventana de mi habitación.

- El amor hacia mi compañero o mi compañera.

- Dedicarme a lo que me entusiasma.

- La posibilidad encontrar ideas nuevas.

- Reír en compañía.

- Ayudar a otros a encontrar el sentido de su vida.

- Mi violonchelo.

- Hacer un voluntariado en una organización humanitaria. Esto llena de sentido mi vida cada día.

- Profundizar en la compasión y trasmitir mi experiencia a otras personas.

- La meditación de la primera hora de la mañana, pues se ha convertido en un pilar firme para todo lo demás.

- Viajar a otros países y conocer otras culturas.

- Mi perro *Sam* es mi compañero más fiel y mi mejor amigo.

- Hacer senderismo, montar en bicicleta o navegar en canoa en plena naturaleza.

- La sonrisa de los niños que cuido en la guardería.

- El trabajo en el huerto.

- Soy profesora en un instituto. El trabajo con mis alumnos me aporta plenitud una y otra vez.

- Aprender a confiar en mí mismo.

- Fijar mis propias metas y tratar de conseguirlas.

- Expresar mi creatividad.

- Descubrir el mundo submarino mediante el buceo.

- En este momento mi *ikigai* es tomarme un periodo sabático de tres meses para aprender español en Barcelona.

En el foco de la ciencia

En los últimos años el principio del *ikigai* se ha situado bajo el foco de la ciencia y ya se considera una clave esencial para gozar de una vida larga, activa y saludable. Según los estudios actuales, las personas con mucho *ikigai* poseen una esperanza de vida significativamente superior que aquellas que no han descubierto aún el sentido de su vida o no saben encontrarlo en la vida cotidiana. Esto se desprende, entre otras cosas, de un estudio a largo plazo realizado en la Facultad de Medicina de la Universidad de Tohoku, en la ciudad japonesa de Sendái, bajo la dirección de Ichiro Tsuji y Toshimasa Sone. En el año 1994, en el conocido estudio Ohsaki habían participado 43.000 adultos sanos de la prefectura japonesa de Miyagi, de una edad comprendida entre 40 y 79 años. Los voluntarios contestaron a una pormenorizada encuesta donde se incluía la pregunta de si tenían *ikigai*. Entre las opciones «sí», «no» o «quizás», casi un 60% de los encuestados respondió afirmativamente. Siete años más tarde, un 95% de las personas que manifestaron que sí seguía aún con vida. En cambio, en el grupo de los voluntarios que había contestado con un «no», el porcentaje de las personas vivas era de un 83 %. En su valoración, los directores del estudio consideraron también factores como la edad, el sexo, el nivel socioeconómico, la masa corporal, el consumo de cigarrillos y alcohol, la actividad deportiva, el estrés, así como las enfermedades tempranas de los participantes. Todo ello les sirvió para demostrar la relación existente entre el *ikigai* y un reducido índice de mortalidad, independientemente de cualquiera de estos otros condicionantes.

La edad extraordinaria que alcanzan los habitantes de la isla de Okinawa, en particular, y el hecho de que muchos conserven una buena salud hasta bien entrada la vejez no es una casualidad, tal como evidencian los resultados del estudio Ohsaki. Y también otras investigaciones realizadas sobre este tema. Una vez más, se pudo constatar que el *ikigai* es uno de los pilares básicos de la longevidad. Sin embargo, no debemos olvidar el importante papel de otros factores que favorecen la salud, como son una alimentación sana o el movimiento rutinario y que son parte integrante de la vida tradicional (véase a partir de la pág. 38). Estas personas no solo tienen su *ikigai*, sino que además hacen muchas cosas bien, a la vista de los resultados de los estudios sobre este saludable modo de vida:

En el año 2010, el promedio de edad que alcanzaban los hombres en Okinawa era de 79 años y 87 las mujeres. En comparación con el resto de Japón o Estados Unidos, el riesgo de que los habitantes de esta isla padezcan un infarto de miocardio o un ictus cerebral es significativamente reducido y también enferman menos de cáncer, osteoporosis y Alzheimer. En comparación con Estados Unidos, el número de casos de cáncer de próstata y de mama se sitúa en una cuarta parte y las enfermedades emparentadas con la demencia se establecen en un tercio, tal como Dan Buettner expone en su libro *Las zonas azules.*

Sin embargo, hace cierto tiempo que en la isla de Okinawa se reflejan también los problemas que aquejan a las sociedades occidentales. Las nuevas generaciones ya no llevan un modo de vida tan saludable como sus antepasados. Muchas personas han adoptado los hábitos del «mundo moderno», comen comida basura y se mueven poco. Apenas tienen sentido ya para ellas los lazos con la comunidad que siempre había inspirado la vida de sus abuelos y tatarabuelos, por la sencilla razón de que buena parte de los jóvenes se ha trasladado a las ciudades. Evidentemente, como consecuencia de todo esto la gente ya no envejece en un estado tan saludable como antes. El sobrepeso y las enfermedades de la civilización occidental como la diabetes y las afecciones cardiovasculares han aumentado de forma drástica. En vista de la transformación operante, cabe preguntarse durante cuánto tiempo más el paraíso de Okinawa podrá seguir llamándose la isla de los centenarios.

Al margen de estas consideraciones, es indiscutible que merece la pena fomentar nuestro *ikigai* también por motivos de salud. La sociedad occidental tiene mucho que aprender de los ancianos de Okinawa. Una vida equilibrada y sana constituye la base del *ikigai*. En el próximo capítulo encontrarás algunas pautas esenciales para ello.

Pautas básicas para una vida llena de sentido

¿De qué sirve el sentido más maravilloso de la vida, si vamos a toda prisa de una cita en otra con la cabeza dos pasos por delante de nuestros pies, con los ojos en el móvil cada tres minutos y dejamos que los avisos del ordenador o del teléfono inteligente marquen nuestro ritmo? Cuando estamos imbuidos de tal forma en la vorágine de la vida cotidiana, con sus innumerables exigencias, nos olvidamos de velar por nuestro propio equilibrio y, debido al estrés, la tensión o incluso el agotamiento, difícilmente estaremos en condiciones de percibir nuestro *ikigai*, a menos que hagamos determinados cambios.

Es importante aflojar la marcha de vez en cuando, tomarse breves descansos y otros más largos, y en general poner de nuestra parte para mantener un equilibrio saludable en distintos planos. De esta manera, seremos capaces de contrarrestar hasta cierto punto el estrés y otros factores negativos que socavan nuestra energía o incluso favorecen la enfermedad; con ello, además, crearemos espacio para dar cabida a las cosas hermosas de la vida, así como para nuestro *ikigai* personal. Los consejos que se dan, brevemente, a continuación son beneficiosos para el cuidado personal por el que debemos velar en todo momento.

Una respiración consciente
El estrés y la tensión provocan a menudo una respiración superficial y un abastecimiento deficiente de oxígeno. Cuando esto ocurre, el cansancio y el agotamiento se apodera de nosotros enseguida. Orienta tu atención conscientemente a tu respiración una y otra vez

hasta que esta práctica se convierta en un hábito. Procura respirar con serenidad y profundamente incluso en momentos de máxima actividad. Las meditaciones en las que uno centra la atención en la respiración siempre son un buen comienzo. Encontrarás algunas de ellas en la parte de este libro dedicada a los ejercicios (véanse las pág. 44 y 67). En cuanto hayas convertido esta práctica en hasta cierto punto rutinaria, serás capaz de desconectar por unos instantes en cualquier situación mediante un breve ejercicio respiratorio. Esto aporta un beneficioso efecto inmediato. Tu mente se apaciguará y pensarás con más claridad. Piensa en una reunión en la oficina; imagínate ahora mientras ordenas la casa o cuando das un paseo... ¿Cómo respiras en cada una de estas circunstancias?

Una alimentación saludable

Favorecer una alimentación equilibrada es otro de los pilares del cuidado personal. Pese a que la conciencia de la salud no es una idea nueva, lo cierto es que en la sociedad occidental todavía muchas personas ingieren demasiadas calorías y pocos nutrientes. Estas siguen dietas pobres en fibra y vitaminas, ricas en azúcar, sal y toda clase de aditivos, y en las que abunda el consumo de productos procesados.

En este contexto es interesante echar una mirada a la alimentación tradicional de Okinawa. Esta abarca una gran variedad de verduras y frutas de temporada, así como productos a base de soja como puede ser un poco de tofu, algas y pescado en abundancia. Se come, relativamente, poca carne. Además, esta dieta es más bien pobre en sal y grasas, y se usa poco azúcar. Asimismo, se bebe mucho té verde y, en general, la gente se rige por el curioso principio del «hara hachi bu», según el cual hay que dejar de comer cuando el estómago esté lleno a un 80%. De esta forma se evitará comer demasiado, y quién sabe, quizás sea este uno de los secretos de la longevidad de los japoneses que viven en Okinawa.

En cualquier caso, es muy conveniente tomarse el tiempo oportuno para comer e ingerir siempre alimentos saludables y muy variados.

El movimiento suave

Procura moverte siempre que puedas. Estar en movimiento acrecienta el bienestar, tiene un efecto relajante, elimina el estrés y mejora nuestro rendimiento físico y mental. También aquí podemos tomar ejemplo de los japoneses de Okinawa. ¡Trabajan y están activos hasta una edad muy avanzada! ¡Así que a levantarse del sofá!

Dormir bien

Quien duerme poco está desequilibrado y carece de energía. Cuando dormimos nos regeneramos y recargamos las pilas, por decirlo así. Aprende a cuidarte y permítete disfrutar de las suficientes horas de descanso y de un sueño reparador.

Un sano equilibrio entre el trabajo y el ocio

Solemos tolerar muy bien etapas de intenso trabajo, e incluso cierto exceso de estrés, durante algún tiempo. Pero cuando las exigencias son muy elevadas hay que saber detenerse a tiempo para equilibrar la situación. Una autoexplotación excesiva es dañina para el cuerpo y también para la mente. Los periodos de mucho esfuerzo deberían ir seguidos de fases prolongadas de esparcimiento, con el fin de poder hacer todas aquellas cosas que no hemos hecho en la medida que nos hubiera gustado por falta de tiempo: comer bien, dormir lo necesario, moverse mucho, encontrarse con amigos, relajarse y velar por nuestra paz interior, ir de vacaciones, dejar volar los pensamientos, volver a ser creativos, soñar despiertos, meditar sobre el sentido de la vida y prestar atención al ritmo del alma.

Fomentar la resiliencia

Todo cuanto hemos mencionado mejora nuestra resiliencia, puesto que cuando el cuerpo y la mente están en equilibrio, los problemas nos afectan mucho menos que cuando estamos desolados y al límite. Ciertamente, el *ikigai* también desempeña un importante papel en lo que concierne a la resiliencia.

A quien tiene la certeza de que su vida tiene sentido y considera su misión vivir con responsabilidad le será más fácil conservar su equilibrio interno, y si lo pierde volverá a recuperarlo un día u otro pese a las circunstancias desfavorables y los aciagos golpes del destino. Como decía el fundador de la logoterapia, Viktor Frankl: «Si hay algo que puede ayudar al ser humano a superar las dificultades, es el profundo convencimiento de que en algún momento su existencia cobrará un sentido que le brindará plenitud».

Vivir en comunidad

Estar con otras personas tiene numerosos efectos positivos. Estimula el sentido del humor y la capacidad de socialización. Cuando esto es así, la mente se muestra más abierta ante nuevos estímulos y formas de pensar; se acrecienta nuestro interés hacia todo cuanto nos rodea y somos capaces de descubrir siempre algo nuevo; entre otras cosas, porque quizás otros llamen nuestra atención sobre algo en que todavía no habíamos reparado. Quizás una amiga nos lleve a un concierto o a la inauguración de una exposición, y asistamos así a unos eventos en los que ni siquiera habíamos pensado. Hay cosas que resultan más fáciles si se hacen en compañía, como las actividades deportivas, sin ir más lejos. Por otro lado, los demás siempre son una fuente inagotable de ideas que alimentan nuestra inspiración. Establecemos con ellos relaciones estables y fiables, asentadas en el apoyo mutuo en caso de necesidad y en un sentimiento de pertenencia de inestimable valor. Una vida en comunidad no solo favorece nuestra salud, sino que además es profundamente significativa.

Parte II

Descubre tu propio
Ikigai

A la búsqueda del tesoro

Dentro de veinte años lamentarás más lo que no hiciste que lo que hiciste. Así que suelta amarras y abandona el puerto seguro. Atrapa los vientos en tus velas. Explora, sueña, descubre.

Mark Twain

Esta segunda parte del libro te conducirá paso a paso hacia la senda de tu *ikigai* personal con un programa de ejercicios prácticos y muy útiles para aprender a reconocer las cosas importantes de la vida; lo que te inspira, despierta tu entusiasmo y te aporta energía y plenitud; y aquello que da sentido a tu existencia y la convierte en algo valioso.

Aborda los ejercicios como si de un agradable pasatiempo se tratase, con la mente abierta, sin pensar demasiado y sin hacerte planteamientos profundos sobre las preguntas. Mantén una actitud de curiosidad ante la búsqueda de tu *ikigai*. Y confía en que las respuestas serán ya la expresión del valioso tesoro de tu interior, que solo espera a ser iluminado con el foco de tu atención.

Emprendamos sin más dilación la búsqueda del tesoro: tu *ikigai* personal.

Preparativos de viaje

El siguiente programa de ejercicios te brinda la posibilidad de expresar tu creatividad mientras emprendes un viaje de descubrimiento. Está diseñado como un conjunto de efectivas herramientas con las que adentrarte en tu mundo interior y ahondar en tus deseos y anhelos más profundos, así como en tu potencial interno, tus preferencias, facultades y muchas otras facetas de tu personalidad.

El programa en su conjunto está ordenado metódicamente. Comprende ejercicios de probada eficacia que, en parte, se sustentan unos en otros. Es aconsejable trabajar esta parte práctica según el orden de sucesión estricto, con el fin de sacar el mejor provecho del amplio abanico de posibilidades que brinda esta experiencia de conocimiento interior. Dado que cada persona es diferente y única, es posible que algunos ejercicios desencadenen una auténtica cascada de pensamientos, imágenes y asociaciones, mientras que en otros casos la búsqueda de las respuestas resulte un poco más trabajosa. Sea como sea, procura estar concentrado y abordar cada uno de los ejercicios con cierta ligereza de ánimo. De esta manera progresarás en el camino de tu *ikigai* al tiempo que te conocerás cada vez más a ti mismo.

En caso de que desees concederte una pausa o consideres que no es el momento propicio para realizar alguno de ellos, no pasa nada. No estás obligado a cumplir un calendario riguroso. Ya retomarás el programa desde la pregunta en que te hayas quedado la última vez, cuando vuelvas a tener tiempo y ganas.

Es importante hacer los ejercicios con tranquilidad, ya sea en casa o en algún lugar en plena naturaleza donde te sientas a gusto. Solo necesitas este libro y dos bolígrafos diferentes, uno para escribir y otro para resaltar algunas anotaciones más adelante. Encontrarás las indicaciones específicas en el texto correspondiente.

Para que des rienda suelta a tus pensamientos, muchos ejercicios empiezan con una lluvia de ideas. Limítate a escribir todo cuanto se te pase por la mente, sin pensar demasiado, pues la finalidad de este proceso consiste en dejar fluir las ideas de forma desinhibida, sin coartarlas o censurarlas. Es un acto creativo que te resultará divertido. A medida que prosigas en tu avance, ya tendrás oportunidad de reflexionar sobre las notas que has tomado y evaluar con ojo clínico algunas de tus consideraciones en particular. Una vez dicho esto, empecemos…

Herramientas orientativas

Siéntate en una postura cómoda, afloja los hombros unos instantes y concéntrate en las preguntas en este capítulo. Procura abordar los ejercicios prácticos con el ánimo relajado y sin tensión. De esta manera obtendrás resultados realmente fiables (en la pág. 75 encontrarás más información sobre la importancia de evitar el estrés).

Si lo deseas, puedes realizar el siguiente ejercicio de relajación para adecuarte a la situación. Alivia el estrés y fomenta el recogimiento interior:

Soltar

Sentado o tendido en el suelo en una postura cómoda, deja que tus manos descansen ligeramente sobre el abdomen. Haz tres respiraciones profundas: toma el aire sin ninguna prisa por la nariz y suéltalo por la boca. Observa cómo se eleva con suavidad la pared abdominal con cada inspiración y como vuelve a descender al espirar. Cada vez que expulsas el aire de los pulmones te desprendes un poco más del estrés acumulado durante el día, así como de cualquier lastre, y dices para tus adentros:

«Suelto y me libero»

Imagina que todas las tensiones se van disolviendo poco a poco, que cada emoción no resuelta desaparece, y observa cómo cada respiración suaviza cada vez más la carga de tus hombros. «¡Ah! Qué alivio…»

Termina el ejercicio con una sonrisa.

Ahora dedica unos momentos a contestar las siguientes preguntas:

¿Cuáles son tus tres libros preferidos? Escribe aquellos títulos que lleguen a tu mente con relativa facilidad.

Mis libros favoritos son:

1. _____
2. _____
3. _____

Segundo paso: piensa ahora en por qué estos títulos figuran entre tus libros preferidos. ¿Recrean un determinado ambiente en particular? ¿Encuentras sorprendentes las aventuras que viven los personajes? ¿Abordan ciertos temas o ideales concretos? ¿Son libros de enseñanzas sobre la vida o el amor? ¿Se trata de obras especializadas o de novelas? Comenta qué te entusiasma o te fascina de ellos.

Este libro me gusta sobre todo porque…

1. _____
_____
_____
_____
_____

2. _____
_____
_____
_____
_____

3. _____
_____
_____
_____
_____

Estupendo. Una vez que hayas terminado de contestar, puedes pasar a la siguiente pregunta:

¿Cuáles son tus tres películas u obras de teatro predilectas? Escribe los títulos que te vengan a la memoria enseguida.

Mis tres películas u obras de teatro favoritas son:

1. _____
2. _____
3. _____

Al igual que en la primera pregunta, piensa en por qué te gustan tanto estas películas u obras de teatro. ¿Su mensaje es una referencia para ti? ¿Se desarrollan en escenarios interesantes? ¿Son un motivo de inspiración? ¿Estimulan tu fantasía? ¿Están bien hechas, o poseen un elevado valor artístico? Deja volar tus pensamientos sin detenerte a meditar en tus respuestas.

Me gusta la película/la obra de teatro especialmente porque…

1. _____
_____
_____
_____
_____

2. _____
_____
_____
_____

3. _____
_____
_____
_____

Cuando hayas explicado tus razones, habrás llegado al último paso de este ejercicio, que consistirá en evaluar los resultados. Repasa tranquilamente los motivos por los que te gustan tanto esos libros y películas u obras de teatro y trata de reconocer en ellos algunos temas de tu interés. Tal vez incluso encuentres afirmaciones sobre el contenido que se repiten o son un poco parecidas. A continuación, haz un listado de todas ellas.

Lista de temas

_____

_____

_____

_____

_____

_____

_____

_____

_____

_____

_____

_____

_____

_____

_____

_____

Muy bien. Con este ejercicio habrás dado ya los primeros pasos en tu búsqueda. La evaluación cada vez más depurada de los resultados en los siguientes capítulos te dará numerosas pistas que te acercarán a tu *ikigai* casi sin darte cuenta.

La gratitud, un estado de dicha perdurable

No son agradecidos quienes son felices; los verdaderamente dichosos son los que saben agradecer.

Francis Bacon

En un mundo como el nuestro, marcado por el individualismo y por una vida vertiginosa, a menudo el agradecimiento parece ser cosa del pasado. No obstante, frente a este hecho, los estudios científicos actuales revelan la importancia de este sentimiento para nuestro bienestar. Las personas que no entienden la gratitud como un mero acto de educación sino como una actitud consciente llevan una vida más feliz, pocas veces se estresan y, como tienen una visión positiva de la vida, también se deprimen mucho menos. Además son serviciales, establecen relaciones sociales satisfactorias y poseen más capacidades para gestionar los problemas. Resumiendo, son más sanas tanto desde el punto de vista psíquico como físico, y, en general, su vida es más plena en comparación con aquellas otras que raramente dan las gracias.

La gratitud es un sentimiento muy poco espectacular y más sosegado que el grandilocuente enamoramiento o la jubilosa felicidad casi siempre efímera. El agradecimiento nos lleva a entrar en contacto con nuestro ser interior y a la vez propicia una conexión inmediata con el mundo. Además, nos brinda una sensación de reconfortante amparo y seguridad. En un instante de gratitud, percibimos que no estamos aislados y solos en el mundo, ya que el agradecimiento nunca se dirige hacia uno mismo. Siempre participa del mundo exterior, porque está orientado hacia algo o alguien; precisamente por eso es tan satisfactorio. Quien medita con regularidad sobre todo cuanto merece su gratitud, se abre a la vida y al conocimiento del sentido de la vida y crea una base sólida para acoger para siempre la verdadera alegría de vivir.

Tres cosas hermosas

Los listados que deberás elaborar a continuación están basados en un ejercicio del libro *La vida que florece*, escrito por el eminente investigador de la felicidad Martin Seligman. Desarrollado durante mucho tiempo, este demostró su eficacia en el marco de un amplio proyecto orientado a los centros de enseñanza secundaria estadounidenses. Entre otras cosas, gracias a este programa de ejercicios se logró satisfacer el objetivo de fomentar la resiliencia, el optimismo y el sentido de la vida entre los estudiantes.

Cuando somos conscientes de las cosas hermosas que hay en nuestra vida y mostramos gratitud por ello, nos sentimos más dichosos y esto nos ayuda en la tarea de encontrar nuestro *ikigai*. En lo sucesivo, haremos este ejercicio varias veces y muy pronto empezarás a constatar sus positivos efectos sobre tu vida.

Ahora escribe tres cosas hermosas que hayas vivido en el día de hoy. Puede tratarse de experiencias triviales, como por ejemplo, «cuando hacía cola en la caja del supermercado una señora con un carro lleno me ha dejado pasar delante», o de algo muy significativo para ti, como «hoy he aprobado un examen importante», «mi jefe me ha dedicado un gran elogio» o «mi hija o mi hijo ha obtenido su plaza de estudios». Cuando hayas anotado las tres, piensa en el modo en que se ha dado esta vivencia positiva (en la medida de su relevancia, desde luego): tal vez te has preparado concienzudamente para ese examen y por eso lo has aprobado, los elogios de tu jefe se deban al éxito obtenido en la presentación de un proyecto... Analiza por qué esta experiencia es significativa y piensa en cómo favorecer otras semejantes en el futuro.

Estas son las tres cosas hermosas que han ocurrido o que he vivido en el día de hoy:

1. _____
2. _____
3. _____

¿Cómo han surgido? ¿Qué significado tiene esto para mí? ¿Cómo puedo tener otras experiencias similares en el futuro?

1. _____
_____
_____
_____
_____

2. _____
_____
_____
_____
_____

3. _____
_____
_____
_____
_____

Estupendo. Una vez has llegado hasta aquí, seguramente ya te habrás dado cuenta de las ideas clave y más representativas que aparecen en tus listados. Deja el libro a un lado por hoy y espera a mañana para continuar los ejercicios con la mente despejada.

Indicadores que valen oro

Las preguntas que aparecen a continuación van a suponer un gran paso adelante en la búsqueda de tu *ikigai*. Son como valiosos indicadores que te mostrarán la dirección adecuada. En cuanto estés preparado, puedes empezar:

Adopta una postura cómoda una vez más; haz el ejercicio respiratorio de la pág. 46 o sencillamente afloja los hombros un par de minutos antes de concentrar tu atención en las preguntas siguientes.

¿Qué era lo que más te gustaba hacer en tu infancia?

_____

_____

_____

_____

_____

Aquello me gustaba porque…

_____

_____

_____

_____

_____

_____

_____

_____

_____

_____

_____

_____

_____

_____

_____

_____

_____

Muy bien. Te encuentras en pleno proceso creativo. Probablemente los recuerdos hagan aflorar una larga serie de imágenes. Aprovecha este momento para contestar también a estas otras preguntas:

¿Cuáles eran tus actividades predilectas en tu primera juventud? Puedes apuntar todo cuanto se te ocurra, tanto si te entusiasmaba hacer experimentos con tu juego de química, como si preferías salir a la calle con tu monopatín o pasar la tarde jugando en el ordenador. ¿Qué aficiones te resultaban más divertidas y cuáles compartías con tus amigos? Puedes escribir todas las que se te antojen, por muy triviales que te parezcan. Como escuchar música, bailar, pasar las horas muertas mirando la superficie del agua en un lago o descubriendo figuras en las nubes. Todas ellas tienen cabida en tu lista.

En mi primera juventud mis aficiones favoritas eran:

_____

_____

_____

_____

_____

Explica por qué disfrutabas haciendo esas actividades.

Aquello me gustaba porque...

_____

_____

_____

_____

_____

_____

_____

_____

Y, ¿cuáles eran tus ocupaciones favoritas cuando eras un joven adulto? Piensa en la época en que empezabas a tomar las riendas de tu vida, quizás ya lejos de la casa familiar, y descubrías el mundo por ti mismo. Anota al menos tres cosas.

Mis actividades predilectas cuando era un joven adulto eran:

_____

_____

_____

_____

_____

Me gustaban porque...

_____

_____

_____

_____

_____

_____

_____

_____

_____

_____

Perfecto. Después de que esta oleada de imágenes y recuerdos hayan acudido a tu mente, ya estamos preparados para dar el siguiente paso. Ahora es el momento de recurrir al razonamiento analítico. Repasa uno por uno los motivos por los que te satisfacía realizar las actividades mencionadas. ¿Qué temas se repiten?

¿Qué tiene todavía un significado para ti y está en consonancia con tu interior? Destaca esas entradas, subrayando palabras clave o las frases que te digan algo con un bolígrafo de otro color. Una vez hayas terminado, podrás abordar el último paso de este ejercicio.

Lee con atención las ideas con mensaje destacadas y piensa en las enseñanzas que puedes extraer sobre ellas. Procura que tus conclusiones sean concisas y centrarte en los aspectos esenciales. Escríbelas en la lista de temas a continuación con el fin de retenerlas en la memoria. Me permitiré ilustrar este proceso con la ayuda de un ejemplo extraído de mi propio listado personal:

De pequeña, una de mis aficiones favoritas era subir a los árboles. En cuanto a la razón por la que esto me deparaba tanta satisfacción, en mi lista aparece lo siguiente:

Me sentía libre y sin ataduras y sin embargo percibía también una fuerte unión con el árbol y con el resto del bosque. Me gustaba experimentar la sensación de «estar por encima de las cosas» y observar el mundo desde arriba mientras dejaba volar mis pensamientos. Además, me deparaba alegría constatar que era capaz de superar el miedo y ser consciente de mi fuerza durante el ascenso.

Como todas aquellas cosas seguían teniendo un significado para mí, subrayé las palabras esenciales de cada frase con un bolígrafo de otro color y el texto quedó de la siguiente manera:

Me sentía <u>libre</u> y <u>sin ataduras</u> y sin embargo percibía también una <u>fuerte unión con</u> el <u>árbol</u> y con el resto del <u>bosque</u>. Me gustaba experimentar la sensación de <u>«estar por encima de las cosas»</u> y observar el mundo desde arriba mientras dejaba <u>volar mis pensamientos</u>. Además, me deparaba alegría constatar que era capaz de <u>superar el miedo</u> y <u>ser consciente de mi fuerza</u> durante el ascenso.

A continuación me detuve a pensar un poco en los mensajes que estas afirmaciones trasmitían sobre mi persona y en mi listado de temas escribí esto:

La sensación de libertad y aventura, la conexión con la naturaleza, la búsqueda de nuevas perspectivas, ahondar/reflexionar acerca de algo, superar límites, eficiencia y afirmación personal, actividad física.

Como vemos, aquí han aflorado numerosas ideas asociadas que me he limitado a deducir de una gran afición y que siguen siendo valiosas para mí. Ciertamente, nunca deja de sorprenderme cómo un ejercicio en apariencia tan simple puede aportarnos enseñanzas tan certeras sobre nosotros mismos. Es como si al realizar estos listados despertáramos a la vida un mundo prometedor y lleno de posibilidades que, de pronto, aparece ante nuestros ojos con toda claridad, un mundo de plenitud que suele estar fuera de nuestro alcance, sencillamente porque las innumerables exigencias y obligaciones de la vida diaria, marcada por el estrés, el ajetreo y la sensación de «estar siempre ocupados», bloquean su acceso.

Pero, en fin, volvamos a lo nuestro. Debes tomarte el tiempo que necesites para proseguir con el siguiente paso. Evita estresarte por el hecho de extraer escasas deducciones de tus actividades favoritas. A veces salen a la luz varios temas y otras, en cambio, solo uno. Lo verdaderamente importante es argumentar por qué te gustaba hacer eso.

Repasa las ideas más significativas que has subrayado y haz una lista de las enseñanzas y mensajes extraídos al respecto.

Lista de temas

_____

_____

_____

_____

_____

_____

_____

_____

_____

_____

_____

_____

_____

_____

_____

_____

_____

Una vez elaboradas todas las listas pertenecientes a la unidad de hoy, habrás realizado un avance considerable, de modo que puedes hacer una pausa y dejar el libro a un lado por hoy. No obstante, si aún tienes un alto caudal de energía, nada te impide continuar, siempre que procures hacer los ejercicios con el ánimo despierto y dediques la atención necesaria a tu tarea.

La inteligencia del corazón

*Sumérgete en el centro de tu Ser. Cuanto más te alejes,
menos aprenderás. Busca tu corazón; deja que tus actos
broten del Ser.*

Lao Tse

Cuando hacemos las cosas que verdaderamente nos gustan, estamos siguiendo la voz del corazón. De hecho, las expresiones «hacer algo de corazón» o «poner el corazón en algo» hablan por sí solas. En el momento de tomar decisiones, nuestro corazón nos indica el camino que seguir; nos otorga claridad, seguridad y fuerza de decisión. Por el contrario, cuando hacemos algo dándole la espalda, nos quedamos sin fuerza y energía. Si esto ocurre, nuestra decisión se convierte en una lucha y nos sentimos desgarrados por dentro; no estamos bien. Y por mucho que intentemos fortalecer nuestras convicciones con los argumentos de la razón, incluso las tareas más pequeñas se nos antojarán dificultosas o requerirán un gran esfuerzo. En efecto, cuando nuestras convicciones no están en consonancia con el corazón o estamos desconectados de este, es muy difícil afrontar el camino elegido con coraje. Muchas veces, cuando sucede algo así, no somos capaces de discernir el sentido de nuestros actos.

El corazón nos acerca a los demás. Cualquiera que haya amado alguna vez o que haya sentido un poco de compasión hacia otro lo sabe. Asimismo, llegar al corazón significa cruzar el umbral por el que accedemos a nuestra sabiduría interior y, con ello, a nuestro ser verdadero. El escritor y cineasta holandés Baptist de Pape escribe con gran acierto en su libro *El poder del corazón*:

> «El corazón nos transmite un sentido, el sentido de nuestra vida propiamente. Nos conecta con una profunda fuente de sabiduría a la que no es posible acceder con la razón.»

Mientras trabajas aquí en la búsqueda de tu *ikigai*, consulta con tu corazón en la misma medida que elaboras las respuestas con tu raciocinio o tus capacidades analíticas. Cada vez que te recomiendo revisar tu lista con todas las anotaciones efectuadas al finalizar un ejercicio, y resaltar las palabras con mensaje o comprobar qué ideas siguen siendo válidas y tienen todavía un significado para ti —es decir, si resuenan en tu interior—, deberías crear conscientemente una conexión con el corazón y abrirte a que esto suceda. Para ello, hazte una o varias de estas sencillas preguntas:

- ¿Armoniza eso con los dictados de mi corazón?
- ¿Puedo respaldarlo de todo corazón?
- ¿Mi corazón dice que sí?

Estas preguntas te ayudarán a comprobar si tus respuestas son auténticas, si están en consonancia con tu alma, con tu corazón y con tu ser verdadero; es decir, con todo aquello que te convierte en la persona que eres. Por eso debes procurar contestar siempre honestamente, desde el fondo de ti mismo.

Demasiado a menudo corremos el riesgo de adoptar los pensamientos, proyecciones y deseos de otras personas sin darnos cuenta. Somos capaces de interiorizarlos e ignorar la intensa influencia que ejercen los valores y pensamientos de los demás sobre nuestro inconsciente, hasta el extremo de orientar nuestra vida hacia metas que no se corresponden con nuestros deseos auténti-cos. Ciertamente, no hay nada que objetar al hecho de dejarse ins-pirar o aprender de los demás, sobre todo porque redundará en nuestro desarrollo personal, mostrándonos caminos y conoci-mientos nuevos. Sin embargo, si nos desviamos en exceso del sen-dero de vida propio y ciertos consejos bienintencionados bloquean el acceso a nuestro corazón y a nuestro *ikigai*, perderemos nuestro centro y tal vez elijamos una vida que no se corresponde con nues-tros deseos y objetivos verdaderos.

Con este libro tienes la posibilidad de concentrarte en las ver-dades internas acerca de tu *ikigai* personal. Si te abres a escuchar la voz de tu corazón, cada una de las preguntas será de gran ayuda para considerar los listados más a fondo. Casi siempre percibirás claramente si las respuestas resuenan de alguna manera en tu inte-rior. En caso de que tengas alguna duda, puedes anotar un signo de interrogación al lado de la pregunta en cuestión y volver a echarle un vistazo en otro momento. Si te acostumbras a preguntar desde el corazón, el proceso cada vez te resultará más fácil y con el tiem-po también tendrás más seguridad para reconocer aquello que se corresponde con tu *ikigai*.

El puente de luz

Es imposible estar en este mundo y salirse del camino del despertar. Todo cuanto sucede en tu interior y a tu alrededor llama a tu corazón a despertar.

John O'Donohue

El ejercicio siguiente te ayudará a estar más conectado con tu corazón y aprenderás a utilizar su inteligencia.

Busca un lugar tranquilo donde nadie te moleste. Una vez te hayas sentado o tendido en el suelo cómodamente, afloja los hombros unos instantes. Piensa en las ideas que han aflorado hasta ahora en los ejercicios y elige tres para ahondar en ellas en una meditación. Es conveniente concentrarse solo en unas pocas para evitar la dispersión. A continuación, cierra los ojos y respira profunda y lentamente varias veces. Deja que tu mente se apacigüe poco a poco.

Ahora, mientras sigues sentado o tendido en el suelo, concéntrate en tu corazón. Imagina que empieza a refulgir como si fuera una luz cálida y brillante o incluso un sol resplandeciente. Percibe la intensa fuerza de esta luz. Imagina que miras de frente a tu corazón y visualizas un puente de luz que conduce hasta allí. Cuando estés ante él, trae a tu mente la primera cuestión que desees esclarecer y dirige las siguientes preguntas al lucero de tu corazón: ¿Está eso en consonancia con sus dictados? ¿Puedes decir «sí» plenamente? Sigue respirando con lentitud mientras entras en un estado de conciencia cada vez más relajado y ábrete por completo a recibir su respuesta. Cuando la hayas recibido, puedes pasar a la siguiente pregunta.

Antes de terminar esta meditación, lleva tu atención de nuevo a la respiración. Inspira y espira despacio tres veces. Sonríe al finalizar y siente el cobijo que te brinda la amorosa sabiduría de tu gran corazón.

Este ejercicio admite muchas variaciones y es un buen recurso para dilucidar toda clase de cuestiones vitales. Cuando no estés seguro de si algo está verdaderamente en consonancia contigo —en el momento de tomar decisiones, por ejemplo—, o cuando tengas la sensación de «vivir al margen» de ti mismo y sin armonía interna, puedes estar seguro de que esta meditación te ayudará a crear un vínculo indisoluble con tu corazón, el gran portador de respuestas. En cuanto abras las puertas de tu interior, tendrás a tu disposición su profunda sabiduría emocional y obtendrás más claridad de entendimiento. Una vez hayas dado este paso, no hay inconveniente en que te sirvas de la mente racional para dilucidar cualquier situación aún más si cabe. En el caso ideal, tus acciones serán el fruto de la armonía entre el corazón y la razón.

Seguir la voz interior

Así pues, deberíamos escuchar nuestro corazón y no hacer oídos sordos a sus mensajes desviando la atención hacia asuntos secundarios que tal vez nos mantengan ocupados, pero que en el fondo no son importantes, ni nos divierten, ni nos aportan plenitud. Ciertamente, cuando alentamos una actitud así solo conseguimos alejarnos de nosotros mismos y ya no somos capaces de avanzar por nuestro verdadero camino. En caso de que te resulte difícil oír la voz de tu corazón, no cejes en tu empeño y tarde o temprano lo conseguirás. En cierta ocasión, la escritora estadounidense Maya Angelou expresó esto de una forma muy bella:

«Imagina que escuchas tu corazón y lo oyes bien. Quizás te parezca una simpleza al principio, pero te necesita. Dice: *vamos, ven... Te mostraré lo que en verdad deberías hacer.*»

Angelou subraya la importancia de no caer en la trampa de la perpetua actividad y aprender a darse tiempo; es decir, limitarse a no hacer nada cuando «el qué» no está claro. «Toma asiento en alguna parte. Tal vez de repente oigas la voz de tu corazón».

En la estela del descubridor

Los ejercicios que aparecen a continuación ayudan a traer a la conciencia aquello que despierta tu curiosidad y tu espíritu descubridor. A diferencia de los anteriores, ahora se trata de sacar a la luz los temas que te entusiasman en este momento. Quizás vuelvas a incluir en tu lista de lecturas favoritas el libro que tanto te fascinó en una fase temprana de tu vida. De hecho, pueden aparecer una vez más temas que siempre te han interesado y que ya salieron a relucir en el primer ejercicio. Sin embargo, probablemente también surjan ciertos planteamientos que van más allá y que amplían el espectro de tus intereses personales. Estos en concreto serán objeto de nuestras indagaciones aquí y ahora.

Adopta una postura cómoda. Afloja los hombros. Eventualmente, puedes hacer el ejercicio respiratorio de la página 46. Deja ir las tensiones del día y concéntrate en apaciguar tu interior. Con esta actitud de recogimiento, apunta todas las ideas que se te ocurran.

Me interesan mucho los libros, documentales y películas sobre el tema / los temas:

_____

_____

_____

_____

Asisto a conferencias / exposiciones / convenciones sobre el tema / o los siguientes temas:

_____

_____

_____

_____

Si estoy en casa de unos amigos y casualmente veo allí una revista, no puedo evitar empezar a leer si encuentro un artículo de estos temas:

_____

_____

_____

_____

_____

En general despierta mi curiosidad:

_____

_____

_____

_____

_____

_____

Con amigos y conocidos soy capaz de pasar la noche entera conversando sobre:

_____

_____

_____

_____

Me entusiasma y me atrae lo siguiente:

_____

_____

_____

_____

_____

_____

_____

Me motiva:

_____

_____

_____

_____

_____

_____

_____

Estupendo. Ya has recopilado de nuevo un amplio abanico de ideas sobre las que trabajar y por lo tanto estás preparado para dar un paso más: destaca en color las palabras clave más importantes. Del mismo modo que hiciste en el ejercicio de la pág. 63, reflexiona acerca de todo cuanto estos mensajes dicen sobre ti mismo, y procura resumirlos de forma concisa al elaborar tu lista.

Lista de temas:

_____
_____
_____
_____
_____
_____
_____
_____
_____
_____
_____
_____
_____
_____
_____
_____
_____
_____

En la trampa del estrés

El estrés negativo y la presión son los principales enemigos de la creatividad. Cuando nos dejamos dominar por estos terribles condicionantes nos descentramos, en el verdadero sentido de la palabra. Los pensamientos empezarán a acelerarse en nuestra mente mientras intentamos solucionar todo a la vez; tensos de la cabeza a los pies y sometidos a un estado de alarma. En semejantes condiciones no somos libres para ir hacia nosotros mismos y sacar fuerzas de nuestro propio interior.

Efectivamente, a veces somos presa de un estado de estrés tan acusado que ya ni siquiera somos conscientes de ello. Para muchas personas es una sensación tan habitual y cotidiana que ya casi ni se dan cuenta. Nuestro cuerpo emite señales claras y perceptibles a todas horas, pero para empezar hay que saber escuchar.

Presta atención a las sensaciones corporales mientras realizas estos ejercicios prácticos, sobre todo cuando estimulas la mente mediante una lluvia de ideas o haces acopio de pensamientos y recuerdos del pasado y también cuando dejas volar tu fantasía. Procura que tu respiración sea profunda y con un ritmo regular. Afloja la nuca, los hombros y la barriga. Debes notar la zona del corazón ligera y sin nada que lo oprima. ¿El aire circula libremente por tus oídos o por el contrario adviertes alguna presión o algún ruido impropio?

Agudiza tus sentidos para poder descifrar las señales de tu cuerpo. Si notas algún tipo de presión interna, hazte un favor a ti mismo y pon en práctica un ejercicio de relajación antes de proseguir en busca de tu *ikigai*. Por ejemplo, puedes hacer el «ejercicio para soltar» (véase pág. 46) o la meditación del «puente de luz» de la pág. 67. Esta última resulta muy útil para relajarse, aunque no consultes nada con tu corazón. Dado el caso, visualiza un puente de luz extendiéndose hasta este y limítate a disfrutar de estar en su beneficiosa cercanía. Esta práctica te ayudará a volver a tu centro y te abrirás a recibir el potencial creativo y el saber profundo que hay en tu interior.

Evita hacer los ejercicios si estás en una situación de estrés, pues si te sientes bajo presión los resultados serán poco fidedignos. Lo primero será apaciguar tu mente; una vez te hayas recogido en tu interior, despídete de los sentimientos asociados a todos los «debería» y suéltalos tranquilamente hasta que se vayan. Así obtendrás respuestas de auténtico valor y nos aproximaremos cada vez más a nuestro objetivo.

Sueños e ilusiones

En la vorágine de las exigencias de la vida diaria, casi siempre sobrecargada de obligaciones, solemos olvidarnos de nuestros sueños y anhelos más profundos. Cuando no los reprimimos, nos consolamos posponiendo su concreción para un futuro lejano donde supuestamente haremos todo aquello que ahora no tiene cabida en nuestra realidad por falta de tiempo. Muchos sueños e ilusiones nos dan valiosas pistas sobre los anhelos de nuestro corazón, así como sobre nuestras capacidades y dotes. En el ejercicio siguiente, el primer objetivo será traer a la memoria los sueños que nos han acompañado durante las distintas fases de nuestra vida. Y el segundo, elaborar a partir de aquí una lista de ellos.

Eres un descubridor en pos de sus sueños; apunta todos cuantos se te ocurran, sin importar que sean pequeños o grandes. Haz este ejercicio con toda libertad y como si se tratara de un juego, sin valorar su contenido ni juzgar si son realistas. Ahora no es el momento de eso. Escribe tus pensamientos con naturalidad y sin cortapisas, y al igual que el buscador de tesoros, alégrate de cada uno de tus descubrimientos.

Si te resulta difícil recordar las ilusiones que poblaban tus sueños en alguna fase de tu vida, puedes intentar retroceder a ese momento con este ejercicio para refrescar la memoria. ¿Quiénes eran tus amigos? Tal vez te acuerdes de los temas de los que hablabas con ellos en las excursiones que hicisteis juntos, en la cafetería o en las salidas con la clase. ¿A dónde os gustaba ir? ¿Qué música escuchábais entonces? Muchas veces esta clase de recuerdos despiertan en nuestro interior sentimientos muy concretos y, a su vez, todas esas cosas traen consigo pensamientos y con ello también sueños del pasado que habíamos olvidado. Ahora bien, si la memoria se ha vuelto demasiado opaca y no recuerdas nada, procura permanecer relajado y no te presiones. Cada persona es diferente y reacciona ante cada uno de los ejercicios a su manera. Es algo perfectamente normal. Si no puedes contestar gran cosa en uno o más, sigue adelante y concéntrate en otro.

Como siempre, afloja los hombros y apacigua tu mente. Una vez hecho esto, ya puedes empezar.

En mi niñez soñaba con…

_____
_____
_____
_____
_____

En mi adolescencia mi mayor ilusión era…

_____
_____
_____
_____
_____
_____
_____
_____

Cuando era un joven adulto soñaba con…

_____

_____

_____

_____

_____

¿Y ahora… con qué sueñas? Si no se te ocurre mucho qué decir, o aunque sea solo a modo de prueba, puedes recurrir a esta estrategia: piensa en una persona famosa, en alguien que sea un modelo de inspiración para ti. ¿Qué sueños harías realidad si fueras esa persona y tuvieras a tu alcance todas las posibilidades que ella tiene para hacerlos realidad? Adorna tus fantasías y descríbelas de forma concreta. Al cambiar de perspectiva es muy probable que te muestres abierto a expresar deseos insospechados.

En este momento sueño con…

_____

_____

_____

_____

_____

_____

_____

_____

¿Y, bien? ¿Cómo te ha ido al sumergirte en el mundo de tus sueños? ¿Te ha resultado más fácil acceder a ellos en una determinada fase de la vida que en otras? ¿Has descubierto algo más que puedas añadir a tu lista? ¿Has incluido cosas que siempre habías deseado probar —algún deporte en particular— y fantasías como desarrollar una profesión fuera de lo común, tal vez espeleólogo o artista de la cuerda floja? Quizás sueñes con asumir proyectos emocionantes, como la construcción de un pueblo para artistas o un viaje a Tonga... Evidentemente, también puedes escribir el deseo de tener una pareja, familia y todo cuanto se te antoje...

El paso siguiente consistirá en trabajar sobre los listados de tus sueños e ilusiones. Repasa cada una de las entradas con tranquilidad y tacha aquellas que con el paso del tiempo han quedado invalidadas. También puede ocurrir que hayas hecho realidad alguno u otro. Si hay alguno que todavía desempeña un papel en tu vida o sigue siendo relevante, consérvalo en tu lista. Porque un sueño realizable está ahí por una razón aún válida.

Veamos dos ejemplos: supongamos que la expresión artística es muy significativa para ti y que por eso eres pintor o músico. En ese caso tu sueño se habrá realizado. Si la expresión artística sigue siendo esencial para ti, debe constar en este listado temático.

En cambio, el caso a continuación, sería diferente. Imagina que hace años hiciste un viaje de dos meses a bordo de un velero para satisfacer tu deseo de libertad y aventura. Aquí estamos ante una ilusión realizada y por lo tanto puedes prescindir de esta experiencia, dado que tu necesidad de libertad probablemente habrá cambiado en algún sentido. Tal vez ahora des prioridad a la familia y te basten unas vacaciones en una casa rural en Croacia y navegar de vez en cuando. Dada tal circunstancia, podrías borrar de tu lista la entrada «navegar en un barco de vela algunos meses».

Suponiendo que no estés seguro de si puedes despedirte para siempre de cierta ilusión, trata de percibir si tu corazón late más deprisa cuando la evocas. Es una buena forma de saber si los registros reflejan metas o sueños realizables que siguen siendo importantes para ti.

Cuando hayas terminado de tachar, vuelve a leer los sueños que han perdurado. ¿Cuáles son tus grandes deseos? ¿En qué podrías implicarte de corazón hasta el punto de hacer algunos sacrificios? ¿Qué sueños desencadenan los sentimientos positivos más hondos? Subraya las palabras clave con otro color para que destaquen a la vista.

Indagar sobre el mundo de nuestras ilusiones puede ser una tarea muy intensa. Procura estar atento para saber cuándo necesitas hacer un descanso. Cuando sea así, deja el libro a un lado hasta que vuelva a presentarse la ocasión de continuar. No obstante, si de momento tienes la mente despejada, puedes abordar las preguntas siguientes. Ahora se trata de sopesar las posibilidades de materializar algunos de estos sueños.

¿Qué ilusiones y metas te gustaría hacer realidad este año?

Este año me encantaría hacer realidad:

_____

_____

_____

_____

_____

_____

_____

_____

Explica tus razones.

El año próximo me gustaría ver realizados estos sueños y objetivos porque...

_____

_____

_____

_____

_____

_____

_____

¿Qué harías si tuvieras la certeza de lograr tus propósitos? ¿Te gustaría emprender algún proyecto que te ilusiona y que has apartado de tu mente por miedo al fracaso?

Si estuviera seguro de que funcionarían, emprendería este / estos proyectos:

_____

_____

_____

_____

_____

_____

_____

_____

Vuelve a revisar tus últimos listados y subraya una vez más las pa labras claves y las ideas más importantes con otro color.

Cuando hayas terminado, lee todos los listados de este capítulo de nuevo. ¿Qué has aprendido? ¿Hay ciertos temas que se repiten? Apúntalos en la lista siguiente como ya hiciste antes en los ejercicios de las págs. 63 y 74 respectivamente.

Lista de temas

_____
_____
_____
_____
_____
_____
_____
_____
_____
_____
_____
_____
_____
_____
_____
_____

Muy bien. Si has llegado hasta aquí, puedes sentirte bastante orgulloso. Acabas de culminar otra unidad de ejercicios y seguramente habrás recopilado una buena cantidad de «material». Continúa así. Al finalizar el programa comprobarás hasta qué punto son constructivos todos estos hallazgos para determinar tu _ikigai_. Ten un poco más de paciencia. Merece la pena.

Las metas intrínsecas

Cuando los intereses de las personas están en consonancia también con sus necesidades, aumenta la motivación y la alegría de vivir. Además, estos factores contribuyen de forma decisiva a apreciar el sentido de la propia vida.

Tal como muestran los psicólogos Jan-Erik Nurmi y Katariina Salmela-Aro, las personas cuyos objetivos apuntan intrínsecamente a aceptarse a sí mismos cada día más o a desarrollar el sentimiento de pertenencia a una comunidad gozan de un mayor bienestar anímico, en comparación con aquellas otars que se enfocan a metas más mundanas como el éxito financiero y material o el atractivo físico.

He aquí otra razón para analizar si pretendemos alcanzar ciertos logros materiales, tal vez acordes con determinadas normas sociales, a costa de dejar a un lado otros propósitos más auténticos.

En este contexto también es muy interesante tomar conciencia de hasta qué punto es importante la motivación intrínseca. Cuando hacemos algo guiados por un impulso interior, nos implicamos en el asunto con mayor entusiasmo y perseverancia, de ahí que logremos mejores resultados. La satisfacción que nos brinda nuestro propio quehacer es ya de por sí una compensación intrínseca. Según el prestigioso terapeuta Michael V. Pantalon, especialista en motivación, los estímulos externos o los sistemas de recompensa no son un buen asidero, como corroboran también numerosos estudios. Una motivación extrínseca puede favorecer incluso que las personan hagan menos de lo que podrían, como muestra el siguiente ejemplo que describe en su libro *Nicht warten, starten*:

En un experimento dirigido por el psicólogo Edward L. Deci, pidieron a veinticuatro estudiantes de psicología que durante tres días consecutivos dedicaran dos horas de su tiempo a montar un puzle cuyas piezas estaban confeccionadas de tal manera que había muchas posibilidades de completarlo; la tarea divertía tanto a los estudiantes que algunos seguían con ella incluso durante la pausa. Su motivación era claramente de índole intrínseca.

El segundo día del experimento se comunicó a la mitad de los voluntarios que recibirían cierta cantidad de dinero cada vez que consiguieran armar el puzle de un modo distinto en un espacio determinado, especificando que solo se retribuirían cuatro variaciones diferentes como máximo. Por extraño que parezca, los estudiantes de este grupo dedicaron mucho menos tiempo de su recreo a buscar soluciones que el primer día. El tercero no se ofreció una compensación monetaria, pero aun así se involucraron menos que el primer día. En cambio, el grupo al que no se había ofrecido dinero actuó de modo muy distinto; de hecho, los voluntarios continuaron sacrificando cada vez más tiempo libre con tal de dar con nuevas soluciones.

Este ejemplo ilustra muy bien que los estudiantes a quienes se les había ofrecido una retribución el segundo día desplazaron el foco de su atención del juego hacia la adquisición de dinero, pues no parecía tener mucho sentido intentar encontrar más de cuatro soluciones si no estaba pagado… Paralelamente, para el otro grupo el sentido de su quehacer era la ocupación en sí, puesto que les deparaba alegría y diversión.

Es evidente que muchos estímulos externos, como el pago de unos honorarios por realizar determinadas actividades, están completamente justificados; pero, en cualquier caso, según muestran los estudios, las compensaciones intrínsecas son el motor más activo de la motivación y la mayor fuente de satisfacción.

¿Qué pasaría si…?

En los siguientes ejercicios recurriremos una vez más a una estrategia sorprendente para avivar tu imaginación. Así podrás dar rienda suelta a tus sueños sin cortapisas.

Imagina que te gratifican con un día libre y de repente quedas exento de todas tus obligaciones laborales. ¿Qué harías en un día tan especial como ese? Procura no incluir en la lista actividades que no te satisfagan.

Si de repente dispusiera de un día libre, haría…

_____

_____

_____

_____

¿Y si en lugar de un día, tuvieras una semana libre por delante? Hazte las siguientes preguntas: ¿Qué me gustaría hacer y qué me satisface? ¿Qué hace latir mi corazón? ¿Qué me aportaría plenitud?

Si de repente tuviera una semana libre, me dedicaría a...

_____

_____

_____

_____

_____

_____

_____

_____

La siguiente pregunta está relacionada con la anterior, aunque se refiere concretamente a los recursos financieros. Si pudieras gastar 500 euros según tu capricho en tres días, ¿en qué emplearías el dinero y por qué? Deja volar tu imaginación sin trabas. La única condición es que no lo destines al pago de facturas y deudas.

Si tuviera 500 euros... porque...

_____

_____

_____

_____

_____

_____

Y ya que estamos así, aumentemos generosamente la cifra: ¿qué harías con un millón? Deleitate con el pensamiento de tener a tu disposición todo ese dinero. Aquí tampoco vale emplear ni siquiera una parte para pagar facturas o deudas, ni tampoco ingresar el dinero en el banco o invertirlo en acciones o fondos de ahorro. Imagina que dispones de un mes para gastarlo. ¿Qué harías con esta cantidad? Puedes escribir todas las ideas que se te ocurran. Vamos a por ello.

Si tuviera un millón..., porque...

_____

_____

_____

_____

_____

_____

_____

_____

_____

_____

_____

_____

_____

_____

Para realizar el ejercicio siguiente es aconsejable empezar con un acto de recogimiento interior: concéntrate en el enunciado, cierra los ojos e inspira y suelta el aire de tus pulmones despacio, antes de escribir tu respuesta.

Si mañana se acabara el mundo, antes me gustaría hacer realidad este o estos deseos:

_____

_____

_____

_____

_____

_____

_____

_____

_____

Repasa las listas de esta serie subrayando las palabras clave con otro color. En un segundo paso, rodea con un círculo las afirmaciones que se repiten en torno a algún tema o que sean de gran importancia para ti.

A continuación, recoge los pensamientos más significativos en la siguiente lista, e intenta formularlas del modo más conciso posible con palabras clave.

Lista de temas

_____

_____

_____

_____

_____

_____

_____

_____

_____

_____

_____

_____

_____

_____

_____

_____

Tres cosas hermosas II

Ha llegado el momento de volver a pensar en las cosas bellas que has experimentado hoy (véase a partir de la pág. 54).

En el día de hoy han ocurrido / he vivido estas tres cosas hermosas:

1. _____
2. _____
3. _____

¿Cómo se han producido? ¿Qué significado tiene esto para mí? ¿Cómo puedo alentar esta clase de satisfactorias vivencias en el futuro?

1. _____
_____
_____
_____
_____

2. _____
_____
_____
_____
_____

3. _____

_____

_____

_____

_____

Nota: Si escribes este tipo de listados con regularidad, al cabo de cierto tiempo cambiará la perspectiva que tienes del mundo en un sentido positivo, como ya hemos mencionado. Por otro lado, si le tomas el gusto y haces de este quehacer un hábito, lo mejor sería tener una libreta o un cuaderno de notas bonito donde dejar constancia de las cosas hermosas de la vida, en el caso ideal, cada día.

Una vez realizadas todas las tareas, puedes disfrutar de una bien merecida pausa y dejar el libro a un lado por hoy.

Encontrar lo que nos apasiona no es solo un mito

Muchos asesores de desarrollo personal y expertos en motivación no se cansan de repetir hasta qué punto es importante para cada individuo encontrar aquello que le apasiona de verdad y orientar su vida hacia ello. Descubre tu pasión y vívela, tendrás éxito y serás afortunado, como se suele decir. Ciertamente, encontrar una gran pasión y poder dedicarse a ella es algo maravilloso. Y si además consigues hacer de tu afición una profesión, mucho mejor todavía. Ya hemos mencionado en otro lugar de este libro el ejemplo del concertista de piano cuyas dotes se plasman en una profesión que constituye también la pasión de su vida (véase pág. 20). En la mayoría de los casos, estas personas son conscientes de la pasión que los impulsa. De hecho, les depara fuerza, energía, motivación, les da alas y les lleva a dar lo mejor de sí mismos. En efecto, la dedicación a una actividad que nos apasiona en la vida puede ser un gran regalo lleno de sentido.

En una sociedad individualista como la nuestra, tan enfocada en el rendimiento y las metas, no está de más preguntarse si el hecho de no tener una gran pasión nos condena por fuerza a ser más o menos unos perdedores. ¿Acaso hay que desempeñar una profesión necesariamente vocacional y vibrar de entusiasmo cada día en nuestro puesto de trabajo por erigir un mundo sustentado en grandiosos planes y proyectos?

Está claro que no. Evidentemente, hay innumerables músicos, deportistas profesionales, científicos, así como mucha otra gente, que se dedican en cuerpo y alma a un solo campo y son felices. Son especialistas. Pero, del mismo modo, también hay entre nosotros personas a quienes la escritora estadounidense Barbara Sher —experta en liderazgo— describe como generalistas, gente con un amplio abanico de intereses y a menudo a la búsqueda de nuevos temas, inspiración y aventura. A estos les resulta difícil centrarse en una actividad concreta por miedo a perderse alguna cosa emocionante y a la vez son muy capaces de entusiasmarse con vehemencia por algo y encontrar un gran sentido a su ocupación. Asimismo, entre el especialista y el generalista, que se situarían en los polos opuestos, hay mucha otra gente con atributos intermedios; nos referimos a aquellas personas que trabajan sobre uno o dos temas específicos en su campo y que además cultivan otras ocupaciones. Este sería el caso, por ejemplo, de la científica que investiga una nueva vacuna para proteger a la población ante una amenazadora epidemia y a la vez, en su tiempo libre, es una consumada amazona, jugadora de *bridge* o coleccionista de sellos; o como el del agente de seguros, satisfecho con su trabajo, que dirige cursos de baile en su tiempo libre y colabora como voluntario con una organización benéfica.

Seguramente a estas alturas ya sabrás si los rasgos de tu personalidad se orientan más bien en un sentido o en otro; de hecho, los listados que has elaborado hasta ahora así deberían reflejarlo. Si tus registros giran en torno a unos pocos temas, la faceta de generalista será poco notoria. En cambio, si las respuestas de tus ejercicios son numerosas y abundan temas diferentes que se repiten con frecuencia, es muy posible que seas una persona con intereses muy diversos y una gran capacidad de fascinación. Una opción no es mejor que otra. La diversidad de las respuestas solo muestra que los rasgos de la personalidad son muy diferentes y específicos en cada individuo.

En definitiva, no todos tienen una gran pasión que les dé impulso y a la que entregarse con ardor. Por lo tanto, no hay razón para presionarnos ni perseguirla con desespero, ni, en particular los que no son especialistas muy capaces, evocarla como si fuera un mito. Después de todo, aunque carezcamos de un «gran» objetivo por el que mover el mundo, todos sabemos reconocer aquello que da sentido y plenitud a nuestras vidas, aunque apenas se revele en las pequeñas cosas. De hecho, lo más bello, valioso y reconfortante del sentido es que puede manifestarse en cualquier instante y puede tratarse de algo invisible, como un mantra o una frase de sabiduría. El sentido es algo sumamente individual para cada uno.

El fuego de la vitalidad

En este apartado vamos a considerar aquellas cosas que te aportan energía, te hacen sentir vivo o gozar de la libertad, así como también las experiencias que te han deparado plenitud hasta ahora. Es posible que acudan a tu mente ideas que hayas anotado ya en ejercicios anteriores. Si en tu infancia tenías alguna afición muy satisfactoria que te brindaba una gran sensación de libertad, apúntala las veces que sean necesarias, allí donde encaje con la pregunta. No importa si los registros se repiten. Es más, posiblemente eso te aportará claves específicas para reconocer qué aspectos de tu vida son importantes de verdad.

¿Qué te aporta energía?

Me fortalece o me depara energía lo siguiente:

_____

_____

_____

_____

_____

¿Qué te trasmitía una inmensa sensación de estar vivo en el pasado?

Experimentaba una gran sensación de sentirme vivo cuando...

_____

_____

_____

_____

_____

¿En qué situaciones te has sentido más libre de ataduras?

Me he sentido especialmente libre cuando...

_____

_____

_____

_____

_____

¿Qué te deparaba grandes satisfacciones?

Me llenaba de satisfacción...

_____

_____

_____

_____

_____

Quizás hayas advertido que estas últimas preguntas no se relacionan con una situación o un recuerdo en particular, ni se vinculan tampoco a una fase determinada de tu vida. Las últimas cuatro entran dentro de lo que denominaríamos preguntas abiertas. Puede ser muy gratificante abordar estas cuestiones sobre todo en comparación con las del principio, ya que abarcan un marco más amplio. A algunas personas les resulta más fácil generar una lluvia de ideas cuando se les dan pautas concretas y a otras, en cambio, cuando pueden asociar unos pensamientos con otros libremente. Prueba qué resulta más fácil para ti. Cuantas más preguntas contestes, más probabilidades tendrás de indagar sobre ti mismo y de conseguir hacerte una idea clara de tu *ikigai* personal al terminar el libro.

Para finalizar, vuelve a elaborar una lista temática. Ya sabes: señala las entradas que se repiten, rodea con un círculo las palabras clave y escribe la idea principal de forma concisa. Empecemos:

Lista de temas

_____
_____
_____
_____
_____
_____
_____
_____
_____
_____
_____
_____
_____
_____
_____

Sócrates saluda

Ha llegado hasta nuestros días la siguiente historia de Sócrates. No se sabe con certeza si ocurrió verdaderamente así, pero sea como sea ilustra muy bien hasta dónde podemos llegar por alcanzar nuestros anhelos.

En una ocasión, un joven fue en busca del filósofo Sócrates y le preguntó cómo podía alcanzar la sabiduría. Sócrates le pidió que al día siguiente acudiese a un determinado lugar junto al río y allí le enseñaría cómo lograr su objetivo. Tal como habían acordado, al día siguiente se encontraron a la orilla del río. Sócrates se metió en el agua e hizo una señal al joven para que lo siguiera. De pronto el pensador se volvió, agarró al muchacho y le hundió la cabeza debajo del agua. Este empezó a patalear con fuerza haciendo desesperados esfuerzos por liberarse de los brazos del pensador. Pero este era más fuerte y mantuvo al muchacho sumergido todavía unos instantes hasta que por fin lo dejó libre. Este jadeó enérgicamente. Una vez se hubo recobrado medianamente del susto, preguntó a Sócrates por qué había obrado de tal modo y este le contestó:

«Cuando tu anhelo de sabiduría sea tan grande como tu necesidad de respirar, la encontrarás».

Este joven discípulo de Sócrates iba a la búsqueda de la sabiduría, es cierto. No obstante, las enseñanzas de esta historia se pueden extrapolar también a cualquier meta que deseemos alcanzar, como el éxito, ver cumplidos determinados sueños o reconocer el propio *ikigai*. Mientras el pensador lo mantiene bajo el agua, el deseo más urgente del joven es poder respirar, dado que es una necesidad fisiológica que condiciona nuestra existencia como seres humanos. Solo con que nuestro anhelo por conseguir aquellas cosas esenciales en nuestra vida fuese una mínima parte del de este muchacho, la motivación por alcanzar nuestros objetivos sería ya muy elevada.

Saber reconocer nuestros propios valores y fortalezas

La experiencia de tu vida es conocer el privilegio de saber quién eres.

Joseph Campbell

Nos encontramos prácticamente en la recta final del programa de ejercicios. En este apartado se trata de que descubras tus fuerzas y valores, ambos aspectos importantes de tu *ikigai.*

Tanto nuestros personajes favoritos como aquellos que nos inspiran nos revelan mucha información acerca de nuestra personalidad. Los valoramos y admiramos por los ideales que defienden, así como por sus cualidades y sus hazañas.

Tal vez estés pensando en el ejercicio de la pág. 47, que consistía en mencionar tus libros y películas favoritos, y te preguntes dónde está la diferencia. Bien, aclaremos la cuestión con un ejemplo:

Supongamos que aquel libro tan inolvidable era una historia de amor conmovedora. En este supuesto no hace falta que los protagonistas sean especialmente corajudos, divertidos o muy talentosos. Quizás el aspecto esencial de la novela era la fuerza del amor o se trataba de una increíble historia romántica muy bien contada. Sin embargo, el ejercicio planteado a continuación consistirá precisamente en citar cualidades que nos impresionan, nos parecen valiosas o nos hacen reír, por ejemplo. En las preguntas que siguen más abajo pueden darse coincidencias con respecto a las entradas de listas anteriores, pero posiblemente introduzcas nuevos aspectos, dado que el enfoque de la pregunta también es diferente.

¿Cuáles son tus personajes favoritos de la literatura, el cine y la televisión o los cómics?

Mis personajes favoritos son...

_____

_____

_____

_____

_____

_____

_____

_____

Cuando hayas completado tu lista, deberías reflexionar acerca de por qué te gustan tanto. ¿Cuáles son sus cualidades y fortalezas, o incluso sus debilidades? ¿Qué clase de acciones protagonizan que son un ejemplo para ti? ¿Qué defienden? ¿Qué valoras de estos personajes?

Estos personajes me gustan en particular porque…

_____
_____
_____
_____
_____
_____
_____
_____

¿Quiénes son tus modelos, por ejemplo, de la política, de la sociedad, de la cultura o de la ciencia? ¿A quién o quienes te gustaría parecerte, al menos en cierta manera, y por qué?

Mis modelos son / me gustaría mucho ser como … porque…

_____
_____
_____
_____
_____
_____
_____
_____
_____
_____

Cuando hayas terminado, revisa tus listas. ¿Reconoces algunas cualidades comunes entre tus personajes predilectos y aquellos que son un modelo de inspiración para ti? ¿Adviertes características suyas que también podrían valer para ti o que desearías tener? Subráyalas con un lápiz de otro color.

Pasemos a la siguiente pregunta: ¿Qué cualidades admiras más en otras personas?

Lo que más me impresiona en otras personas es...

_____

_____

_____

_____

_____

Escribe en la lista siguiente tus citas preferidas:

Mis citas favoritas son:

_____

_____

_____

_____

_____

_____

_____

_____

Ahora subraya las palabras clave en las citas que son significativas y valiosas para ti.

En la siguiente lista escribe aquello que, a tu entender, es lo más valioso e importante en la vida.

Para mí, lo más valioso en la vida es…

_____

_____

_____

_____

_____

_____

En tu opinión, ¿cuáles son tus cualidades y puntos fuertes?

Mis mejores cualidades y puntos fuertes son:

_____

_____

_____

_____

_____

_____

_____

_____

_____

_____

Anota en la lista siguiente qué cualidades o capacidades destacan de ti otras personas.

Suelen elogiarme por...

_____

_____

_____

_____

_____

_____

_____

Los halagos o elogios de personas cuya opinión valoramos pueden mostrarnos qué efecto causamos en los demás. Y al mismo tiempo son un reflejo de nuestras inclinaciones y puntos fuertes. Una vez hayas terminado de escribir tu lista, revísala y destaca en otro color qué cualidades o capacidades de las mencionadas son más significativas para ti y cuáles son las que mejor te caracterizan desde tu perspectiva.

Si reflexionas acerca de los momentos en que tus amigos te piden ayuda, verás tus fortalezas desde otros ángulos:

Mis amigos se dirigen a mí cuando necesitan ayuda en los siguientes casos:

_____

_____

_____

_____

_____

_____

_____

_____

Si en las dos últimas listas reconoces otras fortalezas que no habías incluido en tus cualidades y puntos fuertes en la pág. 107, escribe estas allí también.

En las dos páginas a continuación encontrarás un listado de fortalezas que te será muy útil. Con el lápiz de color en la mano, señala aquellos calificativos con los que te identifiques. El paso siguiente consistirá en anotar estos también en la lista de tus fortalezas y cualidades positivas de la pág. 107, si no los habías registrado ya.

A más tardar cuando hayas concluido esta tarea que pone fin a este intenso capítulo, te habrás ganado una pausa y deberías dejar el libro a un lado para abordar los próximos ejercicios con la mente bien despejada.

La lista de nuestros puntos fuertes

soy…/tengo…

- capacidad de entusiasmo
- perseverante
- auténtico
- honesto
- capacidad asociativa
- habilidades comunicativas
- creativo
- pragmático
- empático
- altruista
- leal
- carismático
- resiliente
- capacidad para trabajar en equipo
- detallista
- esperanza en la vida
- optimista
- sentido del humor
- curioso
- alta capacidad de aprendizaje
- abierto
- predisposición para el aprendizaje
- prudente
- sabio
- listo
- grandes conocimientos en los siguientes ámbitos:
- _____
- _____
- _____
- valiente
- sentido de la humanidad
- justo
- diplomático
- capacidad de juicio
- generoso
- habilidad para el trato social
- agradecido
- metas que cumplir
- asertivo
- relajado
- polifacético
- convincente
- consciente de mí mismo
- puntual
- fiable
- buena capacidad para el análisis
- sereno
- motivación

- extrovertido-espontáneo
- diferente
- dotes de observación
- un buen oyente
- imaginativo
- paciente
- objetivos claros
- espíritu aventurero
- equilibrado
- mediador
- tolerante
- cariñoso
- simpático
- elocuente
- talento para los idiomas
- muchas ideas
- capacidad para soportar la presión
- capacidad de decisión
- flexible
- cargado de energía
- eficiente
- capacidad para ponerme en el lugar de los demás
- responsable
- gran competencia para el liderazgo
- capacidad de enfoque
- autoridad natural
- talento para la organización
- habilidad para encontrar soluciones

El arte de la anticipación positiva

Imaginar cosas hermosas activa nuestro cerebro. Si convertimos esto en un arte, seremos capaces de anticipar mentalmente un acontecimiento, figurárnoslo en su dimensión plástica y beneficiarnos de la sensación positiva que nos depare la experiencia en el momento presente.

Tenemos una mente maravillosa; ante nuestro ojo interior toman cuerpo deseos que nos trasmiten sensaciones positivas, agradables, reconfortantes, inspiradoras, motivadoras o relajantes. Cuando visualizamos algo en el futuro, estimulamos nuestro cerebro para conseguirlo. El aumento de la actividad cerebral durante este proceso se puede comprobar mediante una tomografía por resonancia magnética. Nuestras figuraciones, según sean positivas o negativas, inducen la aparición de unas emociones u otras. Esto significa que, en buena medida, podemos controlar nosotros mismos las sensaciones que deseamos activar en un determinado momento.

Quien alimenta pensamientos negativos y mira hacia el futuro con pesimismo, a menudo propicia innecesariamente un decaimiento de ánimo y una pérdida de energía. Es casi un acto de autosabotaje. Como expongo en mi libro *Der kleine Taschenoptimist* [El pequeño optimista de bolsillo], en general podemos dirigir nuestros propios pensamientos y también decidir cómo gestionar «el programa» en nuestra cabeza. Los sentimientos y las sensaciones están condicionados por la influencia de la película que se nos pasa por la mente en ese momento. Y eso vale para todos los pensamientos e imágenes a los que les concedemos espacio. Con la técnica de la anticipación positiva se intensifica el poder de imaginar;

y nos tomamos un poco de tiempo y tranquilidad para enlazar los pensamientos en el marco de un ejercicio práctico.

Así, el arte de la anticipación positiva puede resultar beneficioso para avivar el estado de ánimo o superar situaciones difíciles, pues el hecho de orientar el pensamiento a algo positivo nos dotará de confianza, fuerza y energía en el presente. Por ejemplo, unas semanas o meses antes de planear las vacaciones, nada nos impide visualizar con nuestro ojo interior la playa de nuestros sueños, el mar azul, las hamacas bajo las palmeras y unas magníficas puestas de sol en colores anaranjados y gozar verdaderamente de esa sensación de alegría previa; o recrear el reencuentro con el ser amado, ausente varios días por un viaje de negocios. En apenas unos segundos nos podemos imaginar en el andén con un ramo de flores en la mano, emocionados de alegría. El tren entra en la estación, las puertas se abren, la persona baja y avanza radiante hacia nosotros… El corazón empieza a palpitar más deprisa ante esta clase de imágenes y experimentamos un torrente de sentimientos favorables.

La anticipación positiva no solo favorece determinadas emociones. Esta excelente técnica mental nos servirá de apoyo, asimismo, para hacer realidad proyectos, sueños y objetivos, puesto que el hecho de orientar la mente hacia acontecimientos futuros genera la aparición de imágenes e ideas creativas enfocadas a su realización. Lo único importante es dedicar unos minutos regularmente a la visualización y centrar nuestra atención en el proyecto. Así habrá más posibilidades de que nuestros pensamientos e ideas se materialicen en hechos concretos. Como vemos, la expectativa positiva es una herramienta con la que diseñar nuestro futuro de forma activa.

Prueba la técnica de la anticipación positiva cuando tengas ocasión. Cuanto más a menudo la ejercites, más fácil te resultará. Sus positivos efectos se reflejan enseguida en el ánimo y te sentirás con renovados impulsos para llevar a cabo tus propósitos.

 ## La película interna

Una vez más, busca un lugar tranquilo en donde nada ni nadie pueda molestarte durante los próximos minutos para realizar este ejercicio. Adopta una postura cómoda sentado o tendido en el suelo, respira profundamente varias veces y empieza con la visualización.

Imagina con todo detalle una situación que pueda darse en el futuro: contemplas la culminación de una meta, un proyecto o un sueño hecho realidad. Deja que todo el proceso se desarrolle ante tu ojo mental como si fuera una película. Te ves a ti mismo como un actor alegre, rebosante de energía y simpático que sabe disfrutar de la vida y tiene éxito. Recrea el escenario con toda clase de matices y, si te parece que encaja, hasta con olores. Dale vida. Sé consciente de que tú eres el director. Puedes encuadrar tus visualizaciones en primer plano y dejar pasar las escenas a tiempo real o a cámara lenta; e incluso detener la película y contemplar una de esas imágenes hasta que te canses. El acontecimiento está en tu mano y eres libre para concebirlo a tu antojo.
Pon atención a cómo te sientes frente a la culminación de tu sueño. ¿Qué experimentas? ¿Alegría, una profunda satisfacción, sosiego…? ¿Estás orgulloso de ti mismo? Tal vez adviertes una sensación de paz que se extiende por tu cuerpo o, de repente, percibes un vivo impulso de energía y te sientes motivado para emprender algo con nuevos bríos. En esta tesitura es

muy posible que se te ocurran algunas ideas acerca de cómo plasmar tu sueño en la vida real.

Con la ayuda de la anticipación positiva puedes imaginar las próximas vacaciones de aventura, en el balneario o de camping; evocar hermosas situaciones con los amigos u otros seres queridos o visualizar toda clase de proyectos que desees realizar o ver cumplidos. El único requisito es que sea algo de tu gusto y que te trasmita un sentimiento positivo.

Para terminar el ejercicio, respira hondo varias veces y goza conscientemente de la sensación de positividad antes de volver a los quehaceres de la vida cotidiana.

El próximo capítulo lo dedicaremos a explorar tus sueños y objetivos. Cuando hayas elaborado las listas correspondientes, estarás en condiciones de practicar la técnica de la anticipación positiva como te plazca para cualquier proyecto. Y quién sabe… quizás alguno se hace pronto realidad. Mantén tu espíritu abierto a la inspiración, la mente clara y déjate sorprender.

Las mejores decisiones

En esta unidad de ejercicios vamos a trabajar sobre aquellos proyectos y objetivos que ya has realizado.

En la siguiente lista, apunta las mejores decisiones de toda tu vida. Argumenta brevemente por qué han sido buenas, según tu opinión.

Los mejores proyectos y decisiones de mi vida han sido..., porque...

_____

_____

_____

_____

_____

_____

_____

_____

_____

_____

_____

_____

_____

_____

Todos tus logros y proyectos que ya has realizado hasta aquí dan muestra de hacia dónde has enfocado tus energías en el pasado. Quizás alguno fuera tan importante para ti que hoy todavía te sientas tan orgulloso como entonces de haberlo conseguido. Asimismo, es muy probable que no hayas olvidado tampoco alguna meta consumada con gran entusiasmo y motivación... ¿Qué ha sido fácil? ¿Qué te ha costado mucho esfuerzo? ¿Para qué has tenido que luchar con gran denuedo? ¿En qué momentos has tenido la sensación de hacer algo significativo? Cuando miras atrás, ¿todavía piensas que todo aquello mereció la pena? ¿Tienen el mismo sentido? Después destaca con un lápiz de otro color las entradas o las palabras claves relacionadas con estas preguntas: ¿Qué era y sigue siendo significativo tanto ahora como entonces? ¿Qué decisiones reflejan tus fortalezas, valores o cualidades positivas?

El barómetro de la felicidad

El siguiente ejercicio es muy parecido al del capítulo «Tres cosas hermosas». (Véase pág. 54).

Escribe las listas a continuación consecutivamente. Piensa en todas aquellas cosas pequeñas y grandes que te procuran alegría y te hacen feliz:

Las cosas que hoy me hacen feliz son:

_____

_____

_____

_____

_____

_____

_____

_____

Las cosas que el año pasado me hacían feliz eran:

_____

_____

_____

_____

_____

_____

_____

Estas son las personas que me hacen feliz:

_____

_____

_____

_____

_____

_____

_____

Los círculos mágicos

Por fin hemos llegado a nuestra meta. Estamos a punto de hacer el último ejercicio de este libro y también el más importante, pues los resultados serán un reflejo de nuestro aprendizaje hasta ahora.

Para ponerte en situación, una vez más puedes empezar con un ejercicio de relajación para favorecer el recogimiento interior (por ejemplo, el de soltar, véase pág. 46).

Como ya hemos mencionado en el capítulo «Cuando la felicidad está dotada de sentido» —y visto de una manera un poco simplificada—, nuestro *ikigai* comprende cuatro factores: las cosas que nos gusta hacer, nuestras fortalezas o aquello que hacemos bien, las cosas por las que nos pagan o merecerían una contraprestación por parte de los demás y, por último, lo que el mundo necesita. Con la ayuda de estos ejercicios prácticos habrás arrojado luz sobre muchas facetas de tu *ikigai*. En el momento de realizar nuestra valoración, aparecerán claramente representados todos sus aspectos y algunos de ellos enlazados entre sí.

Anota en primer lugar las ideas relevantes que aparecen en los listados de las págs. 50, 63, 74, 84 y 91. En esta lista no solo debes incluir lo que ya has probado o sueles hacer, sino también proyectos y objetivos que te gustaría acometer, que te entusiasman y te motivan, por ejemplo.

El próximo paso será revisar todos los capítulos donde haya una de las listas citadas y comprobar que cada una de las entradas destacadas en color figure también en todos los listados temáticos. En mi propio ejemplo de la pág. 61 se han colado conceptos ligeramente abstractos, como «unión con la naturaleza» y «efectividad personal». Pero, como me sigue gustando subir a los árboles, esta actividad debería quedar reflejada también en la lista siguiente.

Las palabras clave y las frases con mensaje de las listas temáticas nos ayudarán a descubrir afirmaciones generales acerca de nosotros mismos. Podremos reconocer enseguida qué nos fascina, entusiasma, motiva y nos aporta plenitud. Sin embargo, en las listas que aparecen a continuación deberemos anotar también cosas y ocupaciones concretas importantes para nosotros.

Si lo deseas, puedes contestar la siguiente pregunta con el espíritu abierto, sin necesidad de consultar las listas elaboradas previamente. Tal vez ya se haya revelado con absoluta claridad lo que hace latir más fuerte a tu corazón. Sea como sea, anota todo cuanto es importante para ti, como siempre. En cualquier caso, antes de dar por terminado el ejercicio revisa las listas precedentes para cerciorarte de que no has olvidado nada importante.

Me gusta hacer las cosas siguientes. Me entusiasma y me inspira…

_____

_____

_____

_____

_____

_____

_____

_____

_____

_____

_____

_____

Muy bien. Ahora se trata de explorar tus fortalezas. Para ello, ten en cuenta los resultados del listado sobre las cualidades positivas y puntos fuertes de la pág. 107, así como el de tus mejores proyectos y decisiones de la pág. 116. Puedes anotar aquí igualmente otras de las que quizás no has sido consciente hasta ahora. Suelen ser cosas que no solo nos entusiasman e inspiran, sino que además hacemos bien o para las que tenemos cierto talento. Por norma general, están en consonancia con nuestras preferencias y se convierten en fortalezas cuando nos dedicamos a ellas con decisión (véase también la pág. 67). Al revisar tu lista advertirás enseguida algunos registros que quizás a primera vista no te parecen pertinentes. Verifica si identificas como tuyas estas fortalezas o potenciales insospechados hasta hoy y escríbelos en la lista a continuación.

Esto es lo que hago bien. Mis puntos fuertes son:

_____

_____

_____

_____

_____

_____

_____

_____

_____

_____

_____

_____

Y de esta manera hemos llegado ya al tercer gran tema, a saber, el de los honorarios.

Inserta en la próxima lista todas las cosas por las que te pagan o podrían pagarte. Apunta todo aquello que se te ocurra espontáneamente; pero considera también el listado de lo que te gusta hacer y el de tus fortalezas. Identifica exactamente las actividades por las que podrías obtener una contraprestación o unos emolumentos. Por lo tanto, en esta lista deberían figurar los trabajos realizados hasta ahora, así como las ocupaciones con cierto potencial, aun cuando de momento no estés capacitado ni habilitado del todo para desempeñarlas.

Por ejemplo, si te apasionan las hierbas aromáticas y las empleas para preparar deliciosos platos, quizás a partir de este momento puedas plantearte salir de excursión con el fin de recolectarlas y realizar unos cursos de cocina. Si eres un experto entusiasta del esquí, podrías hacer de esta afición una profesión con una cualificación que te capacite como profesor. Si colaboras como voluntario con una organización en beneficio del medioambiente, quizás se presente la oportunidad para solicitar un puesto de media jornada o a tiempo completo.

No te censures en cuanto a las actividades que decidas incluir en la lista, ni pienses que los demás hacen las cosas mejor que tú. En casi todas las áreas hay personas que saben más, tienen más experiencia o conocimientos o capacidades específicas y que tal vez desempeñen determinadas tareas con menos esfuerzo que nosotros. Pero no sucede a menudo. En este momento solo cuenta la motivación interna y la capacidad de entusiasmo que nos despierta una determinada ocupación. Esto alentará nuestra fuerza de voluntad y nos infundirá la energía necesaria para impulsarnos hacia delante.

Si hay algo que te interesa apasionadamente o es una fuente de inspiración para ti, no te eches hacia atrás por un supuesto sentido de la inadecuación y lánzate a por ello. Tu entusiasmo y motivación pueden compensar muchas flaquezas. Examina todo cuanto pueda tener cabida en este listado, merece la pena.

Por estas actividades me pagan / podrían pagarme; también recibiría una contraprestación por:

_____

_____

_____

_____

_____

_____

_____

_____

_____

_____

_____

_____

_____

Muy bien. Ahora estás a punto de abordar el último de los cuatro pilares del *ikigai*: el de todas aquellas cosas o valores que el mundo necesita. Explora los listados elaborados hasta aquí desde este ángulo. Por ejemplo, busca en las listas dedicadas a las cualidades positivas y las fortalezas de la pág. 107, así como en cualquier otra relacionada, aquellos valores o puntos fuertes que en tu opinión son significativos para el mundo.

Asimismo, las entradas de las listas sobre la gratitud pueden entroncar con determinados valores. Pensemos en el ejemplo de la pág. 54 en el que una persona con un carro de la compra lleno deja pasar delante a otra en la caja del supermercado. De aquí podemos derivar hermosas ideas para nuestra lista: amabilidad, ser atento, espíritu servicial… valores todos ellos que influyen positivamente sobre la sociedad. Recordemos también la lista de las personas que nos inspiran de la pág. 104. Entre las cualidades que estos encarnan, ¿cuáles son significativas para conseguir un mundo mejor? Merece la pena revisar las listas de todos los campos.

Un sinfín de ideas favorables para el mundo emanan de lo que nos gusta hacer. Muchas de las cosas que nos satisfacen son un aliciente para otros y, asimismo, gran parte de todo cuanto nos inspira puede servir de trampolín para otras personas. Así, hay proyectos o metas individuales que se emprenden pensando en los demás y de esta manera no solo nos beneficiamos nosotros, sino también el mundo.

Como es natural, también puedes recoger ideas que hasta ahora no has registrado aún en ninguna lista. Vamos a por ello una vez más:

¿Qué necesita el mundo?

_____

_____

_____

_____

_____

_____

_____

_____

_____

_____

_____

_____

_____

Excelente. Casi has alcanzado tu meta. El asunto se pone verdaderamente interesante, ya verás.

Hacer una elección
Con un lápiz de color rodea con un círculo las palabras o las frases de las últimas cuatro listas que tengan un gran significado para ti.

Completar el esquema
Observa ahora el siguiente esquema:

Piensa en que ángulo del esquema vas a anotar las palabras y frases que hayas destacado. Cuanto más se refiera la entrada a una actividad que te gusta hacer, y menos a algo por lo que podrían pagar, más arriba deberás insertar la entrada. Por el contrario, si estas aluden a lo que el mundo necesita y menos a tus dotes, habrá que escribirlas a la derecha. Escribe todos los registros en tus listas siguiendo este principio en el sector correspondiente.

Interpretar el esquema
Una vez hayas terminado, observa el esquema detenidamente. Si has trabajado con rigor el programa de ejercicios de este libro, debería de haber un buen número de entradas en varios campos.

Ahora hojea la siguiente página.

 ## Las áreas de intersección

El siguiente diagrama muestra para qué están los puntos de intersección. Las entradas que, en la última doble página, se localicen muy abajo a la izquierda o incluso próximas, se relacionan con el sector de la profesión, mientras que las situadas también en la parte inferior pero a la derecha se corresponden con tu vocación. El área superior izquierda hace referencia a tu pasión/pasiones y el de arriba a la derecha a tu misión.

Tal vez al observar el esquema anterior repares en algún concepto o una frase clave y certera en relación a tu vocación, pasión /pasiones y tu misión que aparece en un área de intersección. Evidentemente, deberían figurar varios términos o frases concisas y no solo uno.

Lo que me gusta hacer

Pasión, afición

Misión

Lo que hago bien

Ikigai

Lo que el mundo necesita

Profesión

Vocación

Aquello por lo que me pagan o me podrían pagar

¡Estupendo! Con este ejercicio estás ya aún más cerca de tu *ikigai*. Parte de los círculos principales del diagrama se superponen con otros, enriqueciéndose entre sí. El *ikigai* no solo consiste en hacer algo que nos entusiasma. Será más perdurable y significativo si se corresponde con nuestras inclinaciones y capacidades, cuando nos podemos ganar la vida con ello y cuando además se trata de algo que el mundo necesita.

Por otra parte, las líneas divisorias del diagrama no son estrictas. Observemos las áreas de intersección correspondientes a la misión y la vocación respectivamente. Según nuestro diagrama, la misión es algo que se hace con gusto y que el mundo necesita. Por lo tanto, en el momento en que a uno le pagan o podrían pagarle por ello, se convierte en una profesión vocacional. Veamos un ejemplo concreto:

A alguien le gusta mucho escribir; le encanta plasmar sus pensamientos en una hoja de papel y concebir mundos imaginarios y quizás aspira a trasmitir su mensaje. En consecuencia, su misión consistirá en comunicarse con los demás a través de historias que puedan inspirar a otros y en cierta medida cambiar el mundo.

Si esta persona encuentra una editorial que publique sus libros, entonces habrá convertido su misión en una profesión vocacional. Y si sus libros se venden y logra vivir de ellos, mucho mejor.

Sin embargo, también podría pasar que esta persona no tenga el menor interés en buscar una editorial porque solo escribe para su propia satisfacción. A lo sumo, se paga la edición de algunas de sus historias o las publica en un blog y de esta forma el mundo participa de su tarea. De hecho, se gana la vida con otro trabajo, pero con el tiempo su blog recibe cada vez más visitas y es descubierto por una editorial, de manera que puede dedicar más tiempo a la escritura…

Este ejemplo es comparable a lo que puede suceder con los vídeos que alguien cuelga en una plataforma de internet por mero divertimento. Su realizador hace esta tarea porque le satisface y a su vez comparte sus creaciones con otras personas. Pero si el asunto funciona y sus vídeos tienen éxito, además podrá ganar dinero con ello.

Como ya hemos mencionado, todos los aspectos específicos de cualquiera de los sectores pueden contribuir inmensamente al descubrimiento de tu *ikigai*. Pero, a más tardar, cuando te llame la atención una palabra o una frase convincente localizada en un área de intersección inferior del diagrama, ya no debería resultate muy difícil contestar a las preguntas: ¿Para qué me levanto por las mañanas? ¿Qué hace mi vida valiosa y que merezca la pena? ¿Qué le da sentido?

¿Y ahora qué…?
Superar los obstáculos de la vida

Se tiende a decir que allí donde hay voluntad, también hay un camino. Pero yo me atrevería a afirmar más bien que donde hay un objetivo está la voluntad.

Viktor Frankl

Son innumerables las guías orientativas, blogs y seminarios que nos muestran cómo perseguir firmemente nuestros objetivos, cómo gestionar mejor nuestro tiempo y cómo estar más motivados para afrontar las tareas que tenemos por delante. En todos ellos encontraremos valiosos consejos aplicables en la vida cotidiana y de gran ayuda para hacer realidad nuestros proyectos y propósitos personales. Sin embargo, cuando sabemos reconocer aquellas cosas verdaderamente significativas en nuestra vida y que la llenan de sentido, no se nos ocurre preguntarnos cómo vamos a conseguirlo. Nos atraviesa un sentimiento profundo y sencillamente sabemos por qué actuamos así. Cuando hemos experimentado esta sensación la primera vez, ese «porqué» tan significativo se convierte en una inmensa fuerza de motivación. Experimentamos entusiasmo o una especie de inquietud interior, sentimos el apremio y la necesidad de ponernos en marcha y de hacer cosas porque hemos encontrado nuestro *ikigai*.

Esta motivación interna puede desencadenar un auténtico estallido de energía que nos haga volar. Y en ese momento, muchos impedimentos que hasta entonces frenaban la realización de nuestros objetivos se disuelven por sí solos; incluso somos capaces de superar otros, ya que nuestro empuje nos alienta a desarrollar estrategias efectivas y sobre todo a seguir en la brecha. De repente ya no nos resulta difícil establecer prioridades, y de esta manera domeñamos uno de los grandes obstáculos que quizás antes nos bloqueaba: la gestión del tiempo.

La motivación no solo estimula nuestra creatividad y perseverancia en la búsqueda de soluciones, sino que también favorece nuestra capacidad de resistencia para ir en pos de nuestros objetivos. Por ejemplo, si sabes que todo es más fácil cuando te levantas apenas una hora antes y a pesar de todo no consigues salir de la cama, deberías plantearte para qué te levantas por las mañanas. Esta pregunta remite directamente a tu *ikigai*, a la esencia de todo cuanto hacemos por una profunda convicción interna, ya que solo eso nos hace crecer y nos conduce a la plenitud.

Ten presente los objetivos relacionados con tu *ikigai*, y mejor aún a la hora de acostarte. Duérmete con la sensación de que al día siguiente asumirás tus proyectos con una mente clara y renovadas energías. Si has descubierto tu verdadero *ikigai*, no debería resultarte muy difícil empezar el día con más ímpetu e incluso hasta más temprano que de costumbre, si te apetece. Con tu *ikigai* ante los ojos, también será más fácil para ti superar tus propias debilidades y afrontar cualquier situación.

Mientras escribo este libro, también yo reflexiono acerca de en qué medida esta actividad forma parte de mi *ikigai* personal antes de acostarme. Como ya mencioné en la introducción, el principio del *ikigai* tuvo una gran resonancia en mi interior desde el primer momento en que empecé a leer acerca de ello. Hace ya mucho tiempo que me dedico a indagar sobre los temas relacionados con la búsqueda de sentido personal y tengo mi vida organizada de tal manera que siempre encuentro tiempo y espacio para ahondar en las cosas que poseen un mayor significado para mí.

Dado que me parece un tema fascinante, interesante y de gran relevancia, considero parte de mi *ikigai* trasmitir este principio a los demás con la ayuda de este libro. La idea de que otras personas descubran su propio *ikigai* gracias a los ejercicios y herramientas recogidos en este manual es muy inspiradora y me motiva. Por eso todos los días me levanto una hora antes de la acostumbrada y apenas puedo esperar a terminar el desayuno para continuar con mi tarea. En estas últimas semanas, el estudio donde trabajo se ha convertido en un auténtico taller de creatividad en el que impera una especie de caos controlado: hay notas adheridas a la pared, pilas de libros en todos los rincones, páginas del texto impreso... Algunos fragmentos terminados y otros incompletos están dispersos sobre la mesa a la espera de ser reelaborados y finalmente encontrar su lugar en el libro; y por otro lado, mi ordenador me ofrece una gigantesca «área de juego» a donde salir de expedición una y otra vez. También ocurre que en determinadas fases no contesto al teléfono y solo contadas veces a los correos electrónicos para evitar que nada me distraiga de mis cavilaciones. Tanto es así que en algunas ocasiones paso por alto hasta las señales de mi ruidoso estómago que me indican la necesidad de hacer una pausa hace rato. Cuando tomo conciencia de ello, hago memoria de algunos de los consejos que doy en mis propios libros y me adjudico un descanso para comer y relajarme. Aun así, me parece casi un lujo prestar atención a las señales de mi cuerpo cuando estoy sumida en un intenso estado de flujo creativo, aunque sea por un breve espacio de tiempo. Sentir el empuje interno, constatar cómo trabaja la mente, advertir la eclosión de las ideas o sencillamente ver cómo aparece un texto en la pantalla del ordenador al abrir un documento, es algo profundamente satisfactorio y significativo; y no lo son menos ciertos obstáculos que se me presentan otros días entorpeciendo mi trabajo para luego disolverse como por ensalmo por sí solos.

Procura ser consciente siempre de la transformación de los diferentes aspectos de tu *ikigai*, del *por qué o para qué* hacemos algo y de qué manera otorga eso un sentido a tu vida. Así te resultará más fácil superar tanto los obstáculos que frenan tu motivación como los impedimentos que se interponen en tu camino.

Una vez que hayas realizado tu tarea sobre este libro, habrás llegado también al final de un intenso y emocionante viaje. Ciertamente, has explorado muchos aspectos de tu *ikigai* personal en profundidad y tal vez incluso hayas desenmascarado algún objetivo que en realidad no se correspondía ni con tu vida ni con tus convicciones porque no era tuyo. Te animo a seguir alerta y a escuchar tu voz interior. La vida está sujeta a transformaciones y todos avanzamos por nuestras sucesivas etapas de desarrollo. Quien posee un fuerte vínculo con su *ikigai*, procurará satisfacer *esta razón de ser* de acuerdo con las circunstancias. Fomenta la conexión con tu propio ser, permanece despierto y sé siempre consciente de hasta qué punto es esencial saber para qué nos levantamos por las mañanas.

El viaje continúa. Te deseo de corazón que mantengas tu mente despierta y mucha alegría en tu singladura.

La práctica del Ikigai en una cáscara de nuez

Tiempo para soñar

Es importante tomarse cierto tiempo de vez en cuando para abismarse en las ilusiones. ¿Qué sueños representan un papel significativo para ti? ¿Cuáles te gustaría hacer realidad? ¿Qué anhelos y objetivos has reprimido, dejado de lado o incluso borrado de tu pensamiento, porque hasta ahora no han tenido cabida en tu vida? Sopesa qué proyectos fluyen con tu *ikigai* y cómo se perfilan tus objetivos personales en la situación de tu vida actual.

Permanecer activo

No te acojas al «retiro», ni en el sentido mental ni físico. Fomentar tu vitalidad redundará en beneficio de tu *ikigai*.

Saber cuidarse

Una buena respiración, comer de forma saludable, hacer suficiente ejercicio, dormir bien y recuperar energías en la naturaleza: todos estos factores contribuyen al cuidado de uno mismo.

Evitar caer en el estrés

El ritmo trepidante y el estrés intoxican nuestro cuerpo, la mente y el alma. Procura velar regularmente por un sano equilibrio.

Practicar la gratitud

Piensa en las cosas por las que te sientes agradecido. Las listas de la pág. 54 te servirán de referencia. Si el hecho de tomar conciencia de aquello por lo que sientes gratitud te ayuda a ser más feliz, plantéate seguir un diario sobre el agradecimiento.

Vivir en comunidad

Buscar una comunidad de amigos, ahondar en el significado de la vida en común, apoyarse mutuamente… Cada uno de estos importantes aspectos forma parte del *ikigai*.

El ombligo del mundo

En lo que atañe a nuestro *ikigai*, cada uno es el ombligo del mundo. Nadie es quien para decir y menos aún para prescribir lo que da sentido a nuestra vida. Los demás siempre pueden aportarnos ideas, inspirar nuestras acciones o nuestro estilo de vida, pero somos nosotros quienes debemos escoger aquello que se corresponde con nuestro *ikigai*; solo así nuestra actitud será auténtica y nos deparará una profunda satisfacción.

Escuchar el corazón

En la búsqueda de nuestro *ikigai* debemos prestar atención a nuestro corazón. Con demasiada frecuencia pasamos por alto o reprimimos sus mensajes, pero es un importante indicador de nuestra senda vital. Cuando atendemos a los dictados del corazón, el raciocinio nos ayudará a valorar los cambios idóneos que debemos introducir en nuestra vida cotidiana.

El valor de las pequeñas cosas

El *ikigai* se puede encontrar tanto en las pequeñas cosas de todos los días como en los grandes proyectos coronados por el éxito. La actividad o percepción más insignificante, así como el más nimio pensamiento pueden merecer la pena y ser tan significativos como acometer una espectacular empresa. Ver un águila trazando círculos en el aire puede ser un acontecimiento tan emocionante como el frenético aplauso del público tras una maravillosa conferencia. Y, análogamente, ser conscientes por un instante de nuestra respiración puede ser algo tan delicioso como un menú de cinco platos.

Cultivar la curiosidad

Estar atentos y no perder nunca la curiosidad son actitudes básicas en cualquier etapa de la vida y muy valiosas para redefinir el propio *ikigai*, si es necesario. Cuando la vida experimenta grandes cambios y ya no estamos seguros de nuestro *ikigai*, quizás nuestro próximo objetivo personal debe consistir en encontrarlo.

El breve test del *ikigai*

Con ayuda del test siguiente aprenderás a distinguir cuando una ocupación está en consonancia con tu *ikigai*:

- ¿Te aporta energía?
- ¿Hace que estés más despierto y vivo?
- ¿Fomenta tu motivación?
- ¿Es la razón por la que te levantas de buen ánimo por las mañanas?
- ¿Vibras con ello en lo más profundo de tu ser y en tu corazón?
- ¿Tienes la sensación de ser completamente tú mismo mientras tanto?
- ¿Es algo que enriquece tu vida? ¿Es más satisfactoria y gratificante ahora?
- ¿Tiene un efecto positivo también sobre los demás y tu círculo?
- ¿Te apasiona hablar de ello y contagias tu entusiasmo a tu alrededor, hasta el punto de que se convierte en un motivo de inspiración también para otros?

Nota: No es importante contestar a todas las preguntas de forma afirmativa. Hay cosas que nos brindan una profunda y sosegada satisfacción pero no nos motivan de forma entusiasta. Es más, es posible que se encuentren en consonancia con nuestro *ikigai* aun cuando no contestaríamos necesariamente con una afirmación a la pregunta de si «fomenta tu motivación». En cualquier caso, si has contestado con un «sí» a varias de las preguntas anteriores, es muy probable que se trate de algo que fluye con tu *ikigai*.

El ser humano solo puede realizarse a sí mismo en la medida en que se compromete también con el sentido de su vida.
Viktor Frankl

Anexo

Fuentes bibliográficas

Capítulo *Yuimaaru*:
El investigador de la felicidad Martin E. P. Seligman muestra el
significado que adquieren nuestras acciones cuando se orientan a
lograr algo grande:

Martin E. P. Seligman: «Afterword. Breaking the 65 Percent
Barrier», en A *Life Worth Living. Contributions to Positive
Psychology*, Ed. de Mihaly Csikszentmihalyi e Isabella Selega
Csikszentmihalyi, Oxford University Press, 2006, p. 235.

Capítulo «Es celestial» ejemplos de *ikigai* personal
Los ejemplos de Okinawa se han extraído de la conferencia TED
de Dan Buettner *How to live to be 100?* Se puede encontrar en
internet mediante el siguiente enlace: https://www.ted.com/talks/
dan_buettner_how_to_live_to_be_100?language=de#t-449176

El resto de ejemplos de este capítulo me los han proporcionado
amigos y conocidos con quienes he consultado. Otra fuente ha
sido el vídeo de Youtube *«Ikigai — meaning & Purpose»* https://
www.youtube.com/watch?v=dTVq-LcdQn4

Capítulo En el foco de la ciencia:
Encontrarás información sobre el estudio Ohsaki en el artículo de
Christopher Peterson «*Ikigai* and Mortality», en *Psychology Today*,
17 septiembre de 2008, https://www.pyschologytoday.com/blog/
the-good-life/200809/ikigai-and-mortality en este enlace de la

Universidad de Tohoku:
https://www.bureau.tohoku.ac.jp/kohyo/kokusai/07Mar7News-full.htm
En el enlace a continuación hallarás un breve resumen de los resultados de un amplio estudio a largo plazo con más de 70.000 participantes. En este se alude asimismo a los favorables efectos del *ikigai* sobre la longevidad:
https://www.ncbi.nlm.nih.gov/pubmed/19539820

Badri N. Mishra, «Secret of Eternal Youth; Teaching from the Centenarian Hot Spot ("Blue Zones")», en *Indian Journal of Community Medecine*, 34 (4) octubre de 2009, pp. 273-275

Dan Buettner, «The Blue Zones: Lessons for Living Longer From the People Who've Lived the Longest», *National Geographic*, Washington, 2009.

Sobre la transformación del estilo de vida tradicional en Okinawa y los perjuicios para la salud que esto conlleva para sus habitantes informa Felix Lill en su artículo «Vom Verschwinden der Hundertjährigen", en *Die Zeit*, 39 (2013). https://www.zeit.de/2012/39/japan-okinawa-alte

Capítulo Pautas básicas para una vida llena de sentido
Encontrarás muchas sugerencias para enriquecer tus momentos de descanso en la vorágine de la vida cotidiana en mi libro *Geschenke für die Seele*, dvt Verlagsgesellschat, Múnich, 2016

Capítulo Tres cosas hermosas
Martin Seligman describe este ejercicio en la página 126 de la versión alemana del libro *La vida que florece*, Ediciones B, Barcelona, 2014.

Capítulo La inteligencia del corazón

La cita de Maya Angelou aparece en la página 51 de la versión alemana del libro *El poder del corazón. Encuentra tu verdadero propósito en la vida*, de Baptist de Pape, Urano, Barcelona, 2014.

Capítulo Las metas intrínsecas

Jari-Erik Nurmi, Katariina Salmela-Aro abordan el significado de los objetivos intrínsecos en su trabajo «What Works Makes You Happy», en *A Life Worth Livng. Contributions to Positive Psychology*, ed. de Mihaly Csikszentmihalyi e Isabella Selega Cskszentmihalyi, Oxford University Press, 2006, página 186 y ss.

Sobre el fenómeno de la motivación intrínseca escribe el psicólogo Michael V. Pantalon en su libro *Instant Influenz. How to get anyone to do anything*, Litle, Brown and Company, 2011.

Capítulo Encontrar lo que nos apasiona no es solo un mito

Obtendrás más información acerca de los diferentes clases de generalistas en el libro de Barbara Sher titulado *Refuse to choose. Use all your Interest, Passions and Hobbys to create the Life of your Dreams*, Rodale Books, 2007.

Capítulo El arte de la anticipación positiva

La primera vez que trabé conocimiento con el principio de la anticipación positiva fue gracias a los libros del psicólogo estadounidense Shane J. López y su colega francés Michael Lejoyeux:
Shane J. López, *Making Hope Happen*, Simon and Schuster, Nueva York, 2013, pp. 33 y ss., y Michel Lejoyeux, *Les quatre saisons de la bonne humeur*, Éditions JC Lattès, París 2016, pp. 65 y ss.

En mi libro *Der kleine Taschen optimist* expongo cómo nuestros pensamientos influyen sobre nuestras emociones. dvt Verlagsgesellschaft, Múnich, 2015, pp. 42 y ss.

Capítulo Los círculos mágicos

La ilustración es de Marc Winn, véase su página Web: www. theviewinside.me: www.theviewinside.me

Otras lecturas recomendadas

Christina Berndt, *Resilienz. Das Geheimnis der psychischen Widerstandskraft. Was uns stark macht gegen Stress, Depression und Burn-out*, Dtv Verlagsgesellschaft, Múnich, 2013.

Leo Bormans, *El libro mundial de la felicidad*, Nómada Producciones, Monterrey, México.

Ralf Dobelli, *¿Wer bin ich? Indiskrete Fragen*, Diogenes, Zúrich, 2017.

Viktor E. Frankl, *El hombre en busca de sentido*, Herder, Barcelona, 2013.

Jürgen Hesee, Hans Christian Schrader, Was steckt wirklich in mir? Die Potenzialanalyse, Stark Verlag, Hallbergmoos, 2014.

Katrin Lankers, *Mein Buch der Listen*, Planet! Stuttgart, 2013.

Bettina Lemke, *Der kleine Taschenoptimist*, dtv Verlagsgesellschaft, Múnich, 2015.

Bettina Lemke, *Der kleine Glücksberater*, dtv Verlagsgesellschaft, Múnich, 2011.

Bettina Lemke, *Der kleine Taschenbuddhist*, dtv Verlagsgesellschaft, Múnich, 2009.

Bettina Lemke, *Geschenke für der Seele*, dtv Verlagsgesellschaft, Múnich 2016.

Elisabeth Lukas, *Quellen sinnvollen Lebens. Woraus wir Kraft schöpfen können*, Verlag Neue Stadt, Múnich, entre otras, 2014.

Gordon Mathews, *What Makes Life Worth Living? How Japanese and Americans Make Sense of Their Worlds*, University of California Press, Berkeley y Los Ángeles, 1996.

Christoph Neidhart, «Vom kleinen und grossen Glück», en *Süddeutsche Zeitung*, 24 (marzo de 2017). http://www.sueddeutsche.de/leben/sinn-und-unsinn-vom-kleinen-und-grossen-glueck-1.3431230

John O'Donohue, *Anam Cara. El libro de la sabiduría celta*, Editorial Salamandra, Barcelona, 1998.

Ulla Rahn-Huber, *So werden Sie 100 Jahre. Das Geheimnis von Okinawa*, Mvg Verlag, Múnich, 2009.

Moorea Seal, *The 52 Lists Project. A Year of Weekly Journaling Inspiration*, Sasquatch Books, Seattle 2015.

Moorea Seal, *The 52 Lists for Happiness. Weekly Journaling Inspiration for Posivity, Balance and Joy*, Sasquatch Books, Seattle, 2016.

Michael Steger, «What makes life meaningful», una conferencia TED inspiradora y simpática acerca de lo que da sentido a la vida en YouTube: https://www.youtube.com/watch?v=RLFV0EF2RIo

Agradecimientos

Ha sido para mi una gran alegría escribir este libro; sin el apoyo de numerosas personas esto no habría sido posible. En primer lugar, deseo expresar mi gratitud a Katharina Festner, de dtv, siempre abierta a oír mis ideas, por alentar y apoyar este proyecto con entusiasmo desde el principio. Valoro muchísimo tu compromiso y tu empeño, Katharina.

Doy las gracias muy cordialmente también a todo el equipo editorial que se ha implicado con gran motivación y creatividad en el proyecto. A Lisa Jüngst por su logrado diseño, a Alexandra Bowien por las ilustraciones gráficas y la maravillosa cubierta, a Katharina Netolitzky por la caligrafía de los caracteres japoneses, a Veronika Pfleger por la creación de la página web www.dtv.de/ikigai donde los lectores podrán intercambiar información sobre su *ikigai* personal, así como a Bernd Schumacher por la composición.

Estoy impresionada por la fuerza femenina del departamento de derechos formado por Julia Helfrich, Andrea Seibert, Constanze Chory y Monika Kick, a quienes debo agradecer que este libro sea traducido a varios idiomas y vaya a publicarse por lo tanto en otros países. Muchas gracias por vuestro esfuerzo. Estoy expectante por saber a qué lugares del mundo llegará y me alegrará recibir noticias de la comunidad *ikigai* en el libro de invitados bajo el enlace www.dtv.de/Ikigai.

Mi más profundo agradecimiento como siempre a mi familia y amigos por el tiempo que hemos pasado juntos, el intercambio de ideas y su gran apoyo. Vosotros sois la parte más importante de mi *ikigai*.

A vosotros, y a todas las personas del mundo, os deseo de corazón que sepáis reconocer siempre el sentido vuestras vidas.

Notas

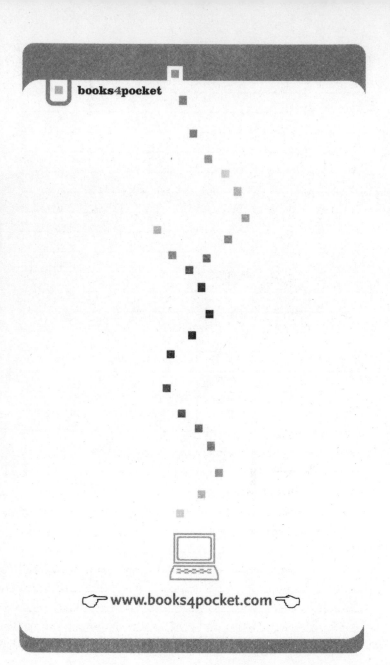

books4pocket

www.books4pocket.com